BARAST_REL.

ESSAI

SUR LES

PLAIDOYERS DE DÉMOSTHÈNE

PAR

ALBERT DESJARDINS,

DOCTEUR ÈS-LETTRES, DOCTEUR EN DROIT,

AVOCAT A LA COUR IMPÉRIALE DE PARIS.

PARIS,

CHEZ AUGUSTE DURAND, LIBRAIRE

RUE DES GRÈS, 7.

—

1862

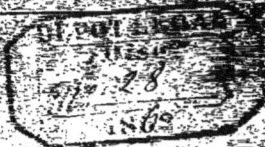

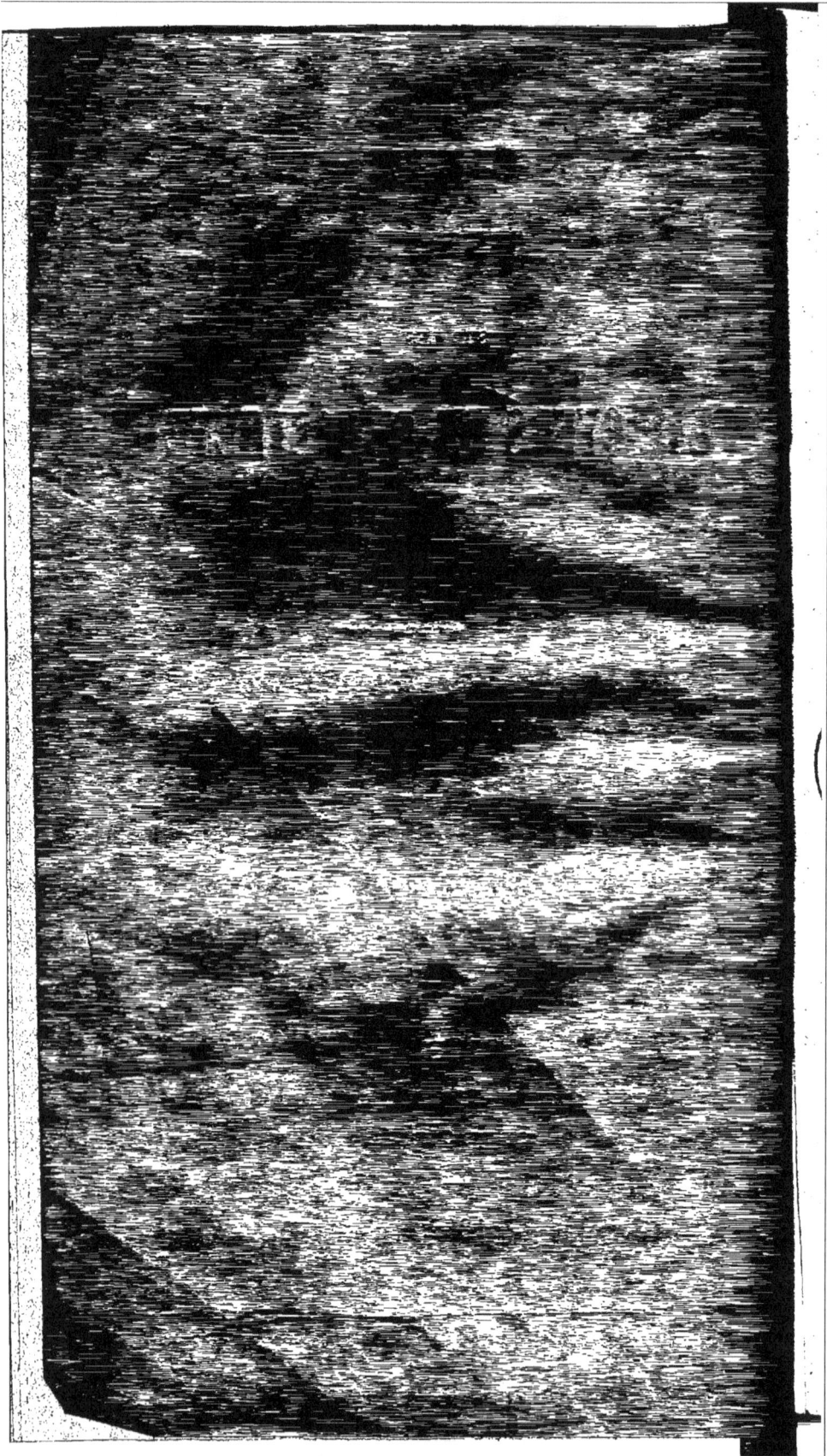

ESSAI

SUR LES

PLAIDOYERS DE DÉMOSTHÈNE

PAR

ALBERT DESJARDINS,

DOCTEUR ÈS-LETTRES, DOCTEUR EN DROIT,

AVOCAT A LA COUR IMPÉRIALE DE PARIS.

—

PARIS,

CHEZ AUGUSTE DURAND, LIBRAIRE,

RUE DES GRÈS, 7.

—

1862.

A M. ADOLPHE REGNIER,

MEMBRE DE L'INSTITUT DE FRANCE,

HOMMAGE RESPECTUEUX

ET TÉMOIGNAGE DE SINCÈRE ATTACHEMENT.

C.

INTRODUCTION.

On a beaucoup écrit sur Démosthène, mais on l'a principalement considéré comme homme d'Etat ou comme orateur politique, non comme avocat. Si quelques-uns de ses plaidoyers jouissent d'une réputation au moins égale à celle des harangues qu'il adressa au peuple, ce sont ceux qui furent composés pour des causes publiques, les discours *sur la Couronne, sur l'Ambassade;* c'est toujours l'éloquence politique qu'on y cherche et qu'on y admire. Le reste de ses œuvres est ordinairement bien peu lu. La plus intéressante et la plus glorieuse partie a fait oublier l'autre. Il ne faut pas s'en étonner; ses discours politiques sont assurément les plus beaux, et le sujet qu'il y traite était bien fait pour attirer, pour absorber l'attention de ses lecteurs. Il n'y a pas de plus magnifique spectacle que celui du peuple athénien, qui garde encore dans sa décadence deux nobles sentiments, l'amour de la gloire et l'amour de la liberté, qui oublie ses récents malheurs et réunit ses dernières ressources pour défendre son indépendance et celle de la Grèce tout entière, et qui, trahi par la for-

1

tune, a l'esprit assez éclairé et le cœur assez haut pour couronner celui dont les conseils l'ont engagé dans cette lutte suprême, l'ont poussé à une défaite presque assurée, mais, en ruinant sa puissance, ont sauvé son honneur. Le plaidoyer contre Zénothémis n'a pu inspirer aussi bien l'orateur, et n'intéresse pas au même degré la postérité. On comprend que celle-ci ait choisi pour l'objet d'une étude à peu près exclusive ces discours pour lesquels elle pouvait avoir une admiration presque sans limites, et que, négligeant la forme judiciaire des plaidoyers politiques, au lieu de chercher à y découvrir l'art de l'avocat, elle ait continué à y voir l'auteur des Philippiques écrasant encore sous son mépris les traîtres dont il n'a pu conjurer les efforts, ou glorifiant les soldats qu'il a fait envoyer à Chéronée, et auxquels, à défaut de la victoire, il assure l'immortalité.

Mais il ne faut pas laisser complètement de côté l'éloquence judiciaire chez Démosthène. D'une part, on risquerait de ne pas rendre une complète justice à un grand homme, et ce serait une étrange manière d'entendre le respect et la reconnaissance que l'on doit au génie que de lui dénier quelques-uns de ses titres de gloire, parce que ceux qui lui restent suffisent pour le placer au premier rang; d'autre part, on s'exposerait à se priver d'un sujet d'étude qui ne doit être dépourvu ni de charme ni d'utilité, car il serait extraordinaire qu'un homme comme Démosthène eût été médiocre dans un genre d'éloquence, quel qu'il fût (1).

(1) Le rhéteur Théon dit qu'Eschine ne pouvait traiter que les grands sujets, Lysias que les petits, mais que Démosthène trai-

On a bien essayé quelquefois de rabaisser l'éloquence judiciaire elle-même.

Un des premiers éditeurs de Démosthène dit dans sa préface (1) qu'il a divisé son édition en trois volumes, comprenant, le premier, les harangues prononcées devant l'Assemblée du peuple; le second, les causes publiques; le troisième, les causes privées, et il semble se féliciter d'avoir ainsi classé les genres par ordre de mérite. Rien n'est plus juste et même plus utile que les classifications, quand on se borne à y constater des différences; mais elles deviennent la chose la plus fausse du monde quand on prétend y introduire des inégalités. Que dire de celle qui assigne un rang secondaire au discours sur la Couronne et à la Milonienne? C'est dans l'intérêt de Démosthène qu'un homme, qui assurément ne l'avait pas lu en grec, a opposé l'orateur à l'avocat. M. Le Clerc prend en même temps la défense du genre judiciaire et celle de Cicéron contre Rousseau : « Un « ingénieux sophiste a écrit ces paroles : — Entraîné « par la mâle éloquence de Démosthène, mon élève « dira : C'est un orateur; en lisant Cicéron, il dira : « C'est un avocat. — Que signifie cette distinction? » s'écrie l'éminent professeur, « et quelle est cette oppo- « sition dédaigneuse entre les fonctions de l'orateur et « celles de ces hommes éloquents, actifs, généreux,

tait également bien les uns et les autres. (Προγυμνάσματα, c. 2, in fin.) Denys d'Halicarnasse déclare « que personne ne pourrait déni- « grer les discours judiciaires comme faibles et mal faits, et ne « montrant aucun art. » (*Première lettre à Ammée*, ß. 20.)

(1) *Bernardi Feliciani præfatio ad suum Demosthenem*, 1547.

« qui, dans tous les temps, ont été respectés, souvent
« admirés, comme les défenseurs du droit contre la
« fraude et l'oppression (1)? »

J'ai cru pouvoir étudier l'éloquence judiciaire dans les
plaidoyers de Démosthène, soit politiques, soit privés.

Les caractères particuliers du talent que Démosthène
a montré en ce genre feront l'objet de cette étude. J'aurai
à les examiner dans les nombreux discours qu'il écrivit,
soit pour lui-même, soit pour d'autres, en décomposant
les éléments divers dont se forme un plaidoyer. Je cher-
cherai où il puise en général ses idées et ses arguments,
s'il travaille à rendre ses juges bienveillants par l'usage
habile des mœurs oratoires, s'il les touche jusqu'au
fond du cœur par le pathétique ou les transporte d'indignation et de colère, quelle est la forme de ses narrations, la suite de ses raisonnements, comment il dispose son discours, enfin quelle est la nature de son
style.

Je ne me dissimule pas quel est le danger de cette
espèce d'analyse faite à la fois sur un assez grand nombre
d'ouvrages du même auteur; on serait facilement tenté
de généraliser les observations qu'on aurait recueillies,
et de tirer de ces *premières vendanges*, pour parler
comme Bacon, le plus grand ennemi des générations
prématurées ou fausses, une rhétorique artificielle qu'on
se représenterait comme contenant en substance toute
l'éloquence de Démosthène, des règles commodes et
invariables qu'on croirait avoir été suivies par lui et

(1) Traduction de Cicéron. (*Discours préliminaire*, Edit. de 1825,
t. I, p. 33.)

qu'on entreprendrait de suivre à son tour : il faut se
garder de vouloir réduire à des procédés un orateur tel
que Démosthène. Ce n'est pas que lui-même en ait dé-
daigné l'usage : ce n'est pas qu'il n'ait possédé tous
les moyens enseignés avec un soin minutieux par les
rhéteurs de son temps. Mais le principe de son éloquence n'était pas dans ces artifices vulgaires dont tout
le monde peut se servir et que nul ne saurait s'approprier. Les procédés ne sont rien sans l'art, qui seul les
rend utiles et féconds, sans la faculté de distinguer ceux
qui conviennent à chaque cause, d'en faire un choix
heureux et discret, d'en varier l'emploi ou d'en accroître
la puissance par des modifications et des combinaisons
ingénieuses, faculté qui n'agit point à la suite d'un rap-
prochement servile établi entre chacun des moyens de
la rhétorique et chaque partie du sujet que l'on traite,
mais qui s'exerce par une action libre et spontanée de
l'intelligence, sachant d'avance quelles opérations elle
peut faire, puisque les moyens oratoires ne sont autre
chose que les opérations les plus familières à l'esprit humain. C'est le travail qui développe cette faculté; il la
révèle même quelquefois à ceux qui en sont doués, mais
il semble qu'il n'aurait pas le pouvoir de la créer là où
le principe n'en aurait pas été déposé par la nature.
On comprend de quelle utilité doit être pour celui qui
désire la posséder la lecture patiente et réfléchie des
grands orateurs; ce qu'il faut leur demander et leur
prendre, s'il est possible, c'est l'art oratoire, comme il
faut que les hommes d'état cherchent dans le commerce
des grands historiens à acquérir l'esprit politique, et non
à recueillir des règles pour toutes les situations où ils
peuvent se trouver. Enfin, si les procédés ne suffisent

point pour donner l'art, il y a aussi quelque chose que
l'art ne donne pas, c'est le secret de ces traits sublimes,
de ces vives et saisissantes beautés, qui étonnent l'intelligence et la forcent de reconnaître et d'adorer la
présence du Dieu : *Deus, ecce Deus*, c'est le génie.
Un tel secret est de ceux qui ne se dérobent pas, et,
quoi qu'on en ait dit, la plus longue patience n'ensei-
gnerait pas à imiter l'œuvre d'en haut, *non imitabile
fulmen*. Les procédés s'apprennent par cœur; on peut
étudier l'art; il faut se contenter d'admirer le génie.
Cette admiration même n'est pas sans profit pour l'intelligence; non-seulement elle lui procure de nobles
jouissances, elle l'habitue à se faire de l'art une idée
plus haute et plus juste. Il y a deux parties dans l'art :
l'une touche aux procédés, l'autre au génie. C'est avoir
fait beaucoup que d'être arrivé à connaître celle-ci.

CHAPITRE I.

DES AVOCATS CHEZ LES ATHÉNIENS.

Je ne puis m'occuper des plaidoyers de Démosthène, avant d'avoir dit en quelques mots qui plaidait devant les tribunaux d'Athènes, par qui était soutenue l'accusation ou la défense. Les discours sont différemment composés selon les conditions différentes dans lesquelles ils doivent être prononcés.

Ce n'est plus une question de savoir si les Athéniens ont connu la profession d'avocat, soit telle qu'elle s'exerce chez nous, soit telle qu'elle fut admise par les Romains. Dans un savant et complet mémoire lu à l'Académie des Inscriptions et Belles-Lettres le 7 décembre 1860, M. Egger a fort bien démontré non-seulement qu'il n'y avait jamais eu dans la république Athénienne un corps, une compagnie investie à certaines conditions du droit exclusif de porter la parole devant les tribunaux, mais que l'on n'y connaissait pas, que les lois n'y souffraient pas ces « patrons officieux si nom- « breux chez les Romains, » qui, non contents d'assister les parties par leurs conseils avant l'audience, par leur présence devant les juges, se substituaient à elles pour la plaidoirie (1). L'accusateur devait soutenir lui-même son accusation; l'accusé devait présenter lui-même sa défense.

« Cela nous paraît étrange, » dit M. Egger (2), « et « pourtant cela est conforme à l'esprit de la constitu- « tion démocratique d'Athènes. En organisant la démo- « cratie dans sa patrie, Solon avait voulu que chaque « citoyen pût et dût y remplir son devoir à l'armée, « dans les assemblées, devant les tribunaux; la division, « prudemment réservée, du peuple en trois classes « n'empêchait pas cette essentielle égalité dont les « Athéniens furent toujours si fiers et si jaloux. »

Mais comment les Athéniens n'auraient-ils pas vu que si le législateur peut répartir également les droits politiques et civils entre tous les membres d'une même société, la nature ne s'est jamais astreinte à répartir également ses dons entre les hommes, que les uns semblent privilégiés, les autres disgraciés par elle? Ce n'est pas à Solon que la nécessaire inégalité des facultés intellectuelles, destinée à s'accroître encore par l'inéga- lité nécessaire aussi des conditions et de l'éducation, a pu échapper. « Il savait, je crois, » dit Démosthène, « qu'il n'était pas possible que les citoyens fussent tous « semblables, tous éloquents, audacieux ou vertueux; « il a donc pensé que s'il faisait ses lois de telle sorte « que les gens vertueux pussent seuls obtenir justice, « beaucoup de méchants seraient en sécurité; que si « c'étaient seulement les gens audacieux et habiles dans

(1) P. 4.
(2) P. 11.

« l'art de la parole, le plus grand nombre ne pourrait
« obtenir justice de la même manière (1). » L'orateur
explique ainsi pourquoi dans certains cas les citoyens
ont le choix entre plusieurs manières d'agir devant
les tribunaux.

C'est peut-être un autre sentiment qui a fait interdire
aux citoyens de recourir à l'intermédiaire d'un orateur
pour défendre leurs intérêts menacés ou leur personne
attaquée. Je veux parler de la défiance que l'éloquence
inspirait aux Athéniens et en général aux Grecs.

Au premier abord, on refuse de croire à l'existence
d'un pareil sentiment chez un peuple qui attachait tant
de prix à l'art oratoire, et qui avait fait de la persuasion
une déesse. Où vit-on jamais de plus grands orateurs
que chez les Athéniens? Quelle nation a été plus capable
de comprendre et de goûter l'éloquence? Mais ils se
craignaient eux-mêmes; ils se défiaient de la puissance
que l'orateur exercerait sur leurs esprits, de l'irrésistible
séduction à laquelle ils ne manqueraient pas de céder.
Doués d'un sens naturellement droit, mais facile à
égarer, ils savaient qu'ils pouvaient juger mal, déployer
une excessive sévérité ou montrer une indulgence qui
irait jusqu'à la faiblesse, selon les impressions du moment. En se donnant des lois, ils voulaient prévenir
autant que possible les dangers où les exposait leur
caractère et s'obliger à l'impartialité. Redoutant le
plaisir que leur procurait l'éloquence, ils défendirent
aux plaideurs d'appeler à leur aide des avocats; comme

(1) Contre Androtion, p. 601 de l'édition de Reiske. C'est toujours à cette édition que je renverrai.

s'estimant incapables de refuser ce qu'on leur demandait, ils rendirent une loi pour défendre aux citoyens de s'adresser des prières les uns aux autres, quand ils se trouvaient dans certaines conditions (1). Rare exemple d'une démocratie se sachant toute puissante et ne se croyant pas infaillible, se complaisant dans l'idée de son absolu pouvoir et convaincue de l'existence de certaines règles supérieures, que son pouvoir même l'expose à violer, connaissant ses faiblesses, en rougissant quand l'occasion ne se présente pas pour elle de s'y abandonner, et cherchant à les prévenir par des lois qui semblent ne tenir leur autorité que d'elle-même, et qu'elle paraît cependant placer au-dessus d'elle!

Les Athéniens portaient les mêmes dispositions sur la place publique, bien qu'ils ne pussent les manifester de la même manière. Chez un peuple à la fois si jaloux de toute supériorité qu'il s'était mis en garde par l'ostracisme contre la plus légitime, celle qui résulte du mérite reconnu et des services rendus, et si amoureux des choses de l'esprit, qu'il ne savait pas résister aux charmes d'un beau discours, l'éloquence régnait sans partage. Les orateurs qui avaient l'habitude de prendre la parole à la tribune aux harangues remplissaient en quelque sorte une fonction publique et formaient, en dehors et au-dessus des magistrats élus ou tirés au sort, une espèce de gouvernement. Le mot même de ῥήτωρ ne signifie pas seulement un homme qui parle, il veut dire en même temps un homme qui se mêle à l'administration des affaires publiques, un orateur homme

(1) Dem., C. Timocrate, p. 716.

d'Etat. Chaque orateur s'alliait à un général : l'un se
chargeait de parler, l'autre d'agir ; ils tâchaient de
concentrer ainsi dans leurs mains tout le gouvernement (1). Démosthène s'était uni avec Charès, Eschine
avec Eubule, Hypéride avec Léosthène. Le chef de l'as-
sociation était naturellement l'orateur, sans lequel le
général eût été peut-être accusé, destitué, et qui seul
pouvait faire accepter les communs projets par l'assemblée du peuple.

On voit quel était chez les Athéniens le pouvoir des
orateurs : eh bien! nulle part les orateurs n'ont été plus
constamment ni plus vivement attaqués, nulle part leur
profession même n'a été en butte à de plus amères rail-
leries ou à de plus injurieux soupçons. Il n'y a pas une
harangue politique, et il y a peu de plaidoyers où les orateurs en général ne soient dénoncés comme conspirant
contre la sûreté de la République, s'enrichissant à ses
dépens, aspirant à renverser la démocratie. Tantôt ce
sont de longues invectives qui sont dirigées contre eux,
tantôt ce sont des traits piquants qu'on leur décoche en
passant : « Stéphanos, » dit Démosthène (2), « tirait de
« la République de bien faibles profits, car il n'était
« pas orateur. »

« Le législateur n'a pas cru, dit Eschine (3), que l'o-

(1) Eschine, C. Ctésiphon. §. 3. Il recommande aux juges de
ne pas laisser échapper les auteurs de propositions illégales,
par égard pour « les discours des généraux qui depuis longtemps
« s'associant avec quelques orateurs, pervertissent l'Etat. » —
V. sur l'Ambassade, §. 24, où il se moque de Charès.
(2) C. Néæra, p. 1359.
(3) C. Timarque, §. 7.

« rateur dût aller à la tribune, s'étant occupé d'avance
« de son discours et non de sa vie. Pour ce qui venait
« d'un honnête homme, le discours fût-il mal fait et
« sans art, il a pensé que les choses dites par lui étaient
« utiles aux auditeurs; ce qui venait d'un homme mou,
« ayant ridiculement usé de son corps et honteusement
« dévoré l'héritage paternel, fût-ce très-bien dit, il a
« pensé que cela ne servirait pas à ceux qui l'enten-
« draient. » — « Les orateurs, dit-il dans un autre
« passage (1), les orateurs qui s'étaient entendus, s'étant
« levés, n'essayèrent de rien dire pour le salut de la
« ville, mais vous conseillèrent de regarder les Pro-
« pylées de l'Acropole, de vous rappeler la bataille de
« Salamine contre les Perses, les tombeaux, les aïeux,
« les trophées. » Eschine se moque non-seulement des
orateurs, mais encore d'un développement que lui-même
a dû faire et fera encore plus d'une fois. Dans le pa-
ragraphe suivant il accuse les orateurs de faire de la
guerre « le chorège de leurs dépenses de chaque jour. »

On était sûr que le peuple ou les juges écouteraient
avec plaisir. C'était un lieu commun pour ceux qui parlaient devant les Athéniens, car sur les cinquante-six
exordes de harangues politiques que Démosthène, dit-
on, avait écrits d'avance, pour être prêt à tout évènement,
il y en a dix où il attaque les orateurs. Ce qu'il y a de
remarquable, c'est que c'étaient les orateurs eux-mêmes
qui prononçaient ces accusations quelquefois passion-
nées dont ils faisaient les frais et qui s'efforçaient de
décrier leur art, pour discréditer leurs adversaires. Il

(1) Sur l'Ambassade, ?. 24.

fallait qu'ils fussent bien sûrs du goût invincible des Athéniens pour l'éloquence et de leur docilité à se laisser conduire par elle. Le peuple considérait l'éloquence comme un des principes essentiels de son gouvernement; mais il était bien aise de se rendre à soi-même ce témoignage que ses orateurs le dominaient sans l'aveugler, et peut-être n'était-il pas fâché de leur faire sentir qu'ils avaient un maître disposé en même temps à obéir à leurs conseils et à juger sévèrement leur conduite.

Ainsi là où l'intervention des orateurs avait paru nécessaire, dans le gouvernement de la République, on ne l'avait admise qu'avec une certaine défiance; là où elle avait paru inutile, dans les tribunaux, on l'avait interdite.

Au reste, l'intérêt de la démocratie justifiait également cette interdiction, sinon parce qu'il exigeait que tous les citoyens fussent ou travaillassent à devenir éloquents, du moins parce qu'il demandait que les orateurs n'acquissent point un pouvoir plus grand encore, en se mêlant tous les jours aux affaires privées. Qu'on se représente ces hommes quittant la place publique où ils étaient tout puissants sur l'esprit du peuple assemblé, pour aller assister les citoyens devant les innombrables tribunaux d'Athènes; ils se seraient créé en peu de temps un parti nombreux. L'influence personnelle de l'avocat, jointe à l'autorité qu'avait déjà l'orateur politique, aurait été trop dangereuse pour la démocratie.

Les règlements auxquels l'usage ou la loi avaient assujetti la plaidoirie semblaient tous faits pour empêcher l'éloquence de prendre son essor, et d'exercer sur les juges son funeste empire. On n'a dans aucun autre pays jugé utile de faire une loi pour défendre aux plaideurs de parler « en dehors de l'affaire. » L'usage avait proscrit la péroraison. Enfin, l'on sait que le temps donné aux plaidoiries était mesuré par la clepsydre. La clepsydre était destinée, sans doute, à ménager les moments précieux des juges, et à réduire la durée de chaque affaire pour leur permettre d'en terminer un plus grand nombre. Mais elle servait surtout à restreindre les orateurs, et ce qui le prouve, c'est qu'on arrêtait l'eau, quand ceux-ci faisaient déposer les témoins, lire des pièces ou des textes de loi (1). Comme on ne craignait pas que les dépositions ou les lectures pussent charmer assez l'esprit des juges pour mettre en danger leur impartialité, on permettait aux plaideurs d'en produire en aussi grand nombre qu'ils le voulaient.

Il est facile de voir l'injustice d'une règle qui ne se comprendrait que si tous les plaideurs étaient également capables de défendre leurs intérêts. Il fallut la corriger. Les juges purent autoriser un citoyen à se présenter et à porter la parole pour un autre, ils eurent la libre et souveraine appréciation des circonstances que l'on faisait valoir pour obtenir cette autorisation. Ils exigeaient ordinairement que la partie fût dans l'impossibilité de prendre la parole et que son défenseur fût son parent, son ami, ou qu'il eût un intérêt direct dans l'affaire; quelquefois, ils se contentaient de la dernière de ces deux conditions : « Quand la partie était une femme, « les femmes ne pouvant pas même intenter person-« nellement une action, il fallait bien qu'un autre plai-

---

(1) C'est ce qui est démontré dans plusieurs passages des orateurs attiques. V. notamment Dém., c. Conon, p. 1268.

« dât pour elle (1). » On trouve déjà dans les tétralogies d'Antiphon, discours qu'on suppose préparés pour des causes feintes, mais où l'orateur devait se placer dans une position qu'il pût occuper réellement, un discours prononcé pour un accusé en fuite par ses amis (2). Le discours d'Isocrate contre Euthynous est également mis dans la bouche d'un ami protégeant un accusé incapable de se défendre soi-même.

Démosthène a porté quelquefois la parole pour autrui. Le discours *sur la Couronne* n'est autre chose qu'un plaidoyer pour Ctésiphon. Eschine avait voulu persuader aux juges de ne pas laisser parler Démosthène, « cet homme pervers qui croit détruire les lois « avec des paroles (3) ; » il leur avait représenté que Ctésiphon n'était pas inexpérimenté dans l'art de la parole, puisqu'il s'était fait nommer ambassadeur pour aller porter à la fille de Philippe des consolations sur la mort de son mari (4). Mais Démosthène était trop directement intéressé dans une affaire où sa vie tout entière était soumise aux juges, pour que ceux-ci lui refusassent la faculté de se défendre en prenant la place de Ctésiphon, et l'orateur, pour justifier son intervention, se borne à dire dans son discours qu'il a au procès le même intérêt que l'accusé (5). C'est aussi Démosthène qui a prononcé la défense du témoin Phanos :

---

(1) M. Egger, ib., p. 7.
(2) 3e Tétralogie. — 4e discours.
(3) C. Ctésiphon, §. 68.
(4) Ib., §. 89.
(5) Sur la Couronne, p. 227.

Phanos avait déposé contre Aphobe, l'un des tuteurs de Démosthène; Aphobe avait formé à son tour contre lui une accusation de faux témoignage. Le jeune orateur défendait encore son patrimoine en prenant la parole dans ce procès.

Ce n'était pas assez que les juges puissent, dans certains cas, dispenser de l'observation de la loi. On parvint à l'éluder dans tous, au moyen de la faculté qu'on avait d'associer des *synagores* (συνηγόρους) à son accusation où à sa défense. Le plaideur, après avoir parlé, demandait à faire entendre un ou plusieurs citoyens, ses amis ou ses parents, qui devaient compléter ce qu'il avait dit : les juges ne s'y opposaient pas ordinairement, quoiqu'ils en eussent le droit. A l'origine, la partie principale de l'accusation ou de la défense devait être le discours prononcé par l'accusateur ou par l'accusé lui-même; mais, dans la pratique, on permit aux intéressés et aux *synagores* de se répartir comme ils l'entendraient la tâche de la plaidoirie. Les œuvres de Démosthène contiennent deux discours contre Néæra : le premier, prononcé par Théomneste, l'accusateur, n'est qu'une espèce d'exorde où sont indiqués ses motifs de haine contre Néæra et contre celui qu'il accuse de l'avoir épousée; le second est celui du *synagore* Apollodore, et c'est là que se trouve la plaidoirie, la discussion de la cause. « L'ami officieux qui parlait pour le plaideur, » dit très-bien M. Egger (1), « était d'ordinaire, on le de-« vine, quelque praticien et professeur d'éloquence, « volontiers prêt à passer de l'auditoire de son école à

(1) *Loc. cit.*, p. 7.

« celui du tribunal. » C'est comme *synagore* que Démosthène soutint l'accusation de Ctésippe contre
Leptine.

Enfin Antiphon imagina un autre expédient pour les
plaideurs embarrassés. Il écrivit des plaidoyers que les
parties récitaient devant les tribunaux. On lui en demanda
un nombre considérable. Il avait, dit-on, fait mettre au-
dessus de la porte de sa maison : « Ici l'on console les
« malheureux. » Ses consolations lui profitèrent à lui-
même et il en prodigua à tant de malheureux qu'il finit
par devenir très-riche. A son exemple, la plupart des
hommes qui avaient étudié l'art oratoire se mirent à
écrire des plaidoyers : on leur donna le nom de *logographes*. C'est pour autrui que Lysias composa tous ses discours, à l'exception d'un seul. Démosthène fit comme les
orateurs de son temps, comme Isocrate, comme Hypéride. La plupart de ses plaidoyers n'ont pas été prononcés par lui, mais par la partie même dont l'intérêt
était en cause.

On fit servir à plusieurs fins l'art inventé par Antiphon.
Une partie se trouvait dans un des cas où les juges permettaient aux plaideurs de se faire défendre par autrui,
sans prendre eux-mêmes la parole ; mais elle n'avait
point d'orateur parmi ses connaissances ni dans sa famille : il suffisait qu'elle y trouvât quelqu'un qui fût
placé dans des conditions plus favorables qu'elle-même
pour parler devant les juges, à qui, par exemple, ne
manquât « ni la voix ni l'audace : » elle demandait à un
logographe de composer un discours que l'ami ou le parent se chargeait de prononcer. Le discours pour Phormion est placé dans la bouche de l'un de ses amis ; dans
le procès contre Macartatos, c'est Sosithée qui parle au

2

nom de son fils Eubulide, et dans le procès contre Léocharès, c'est le fils d'Aristodème qui se présente au
nom de son père.

On avait quelquefois intérêt à prendre pour *synagore*
une personne autre qu'un orateur, soit à cause de l'influence personnelle qu'elle pouvait exercer, soit parce
qu'on craignait que les juges ne fussent disposés à voir
de mauvais œil l'intervention répétée des orateurs dans
un grand nombre d'affaires. Cependant on ne voulait pas
se priver des chances de succès qu'offrait le talent éprouvé
d'un Démosthène. C'était encore à lui qu'on demandait
le plaidoyer du *synagore*. Le discours qu'Apollodore pro-
nonça pour soutenir l'accusation de Théomneste contre
Néæra était de la même main que celui de Théomneste
lui-même.

Il arrivait ainsi qu'une personne fût en cause, qu'une
autre écrivît un plaidoyer pour elle, qu'une troisième le
prononçât.

Quelquefois celui qui avait écrit le discours de la
partie l'appuyait en outre comme *synagore*. Après avoir
plaidé contre Dionysiodore, Darius demande aux juges
de laisser parler Démosthène, l'auteur du plaidoyer qu'il
vient de faire entendre.

Ce fut une véritable profession que d'écrire des discours pour les plaideurs, et l'on retrouve dans ce que
l'on pourrait appeler le barreau athénien des traits
curieux de ressemblance avec le barreau moderne. Chez
nous un certain nombre d'avocats se consacrent spécialement à un certain genre de causes; il en était de
même chez les Athéniens. Tous les plaidoyers qui
nous restent d'Isée, le maître de Démosthène, sont
relatifs à des questions de succession : « On devine,

« dit M. Egger, ce qu'elles exigeaient de connais-
« sances spéciales, d'aptitude pour la discussion du
« droit et l'exposition des faits. » Chez les Athéniens,
comme chez nous, les personnes qui avaient une grande
fortune à gérer, et par conséquent de nombreux procès
à soutenir, les banquiers, par exemple, avaient comme
des avocats ordinaires qui composaient tous leurs plaidoyers. Démosthène était l'avocat du banquier Pasion
et, après lui, de son fils Apollodore. On trouve dans
ses œuvres sept discours écrits par celui-ci, soit dans
les procès de la banque, soit sur des affaires person-
nelles.

De quelque manière qu'il s'exerçât, le ministère de
l'avocat devait être gratuit. Une loi donnait une action
contre le *synagore* qui recevait de l'argent (1), et les
mœurs flétrissaient celui qui écrivait des discours pour
un salaire (2). Il est probable que dans certains cas les
orateurs ne faisaient pas payer leurs plaidoyers, par
exemple quand il s'agissait d'un de leurs parents; Démosthène a pu ne rien exiger de son parent Démon pour
faire le discours contre Zénothémis. Il y a quelques-uns
de ses plaidoyers qui ont été composés pour des citoyens
pauvres, ceux du fils d'Aristodème contre Léocharès et
d'Euxithée contre Eubulide; au moins les plaideurs
parlent-ils longuement de leur indigence ; peut-être
n'est-ce qu'un artifice oratoire; mais il ne faudrait pas
s'étonner que Démosthène, pour accroître son crédit et
se donner le renom d'un homme favorable à la démo-

(1) Dém., c. Stéphanos 1, p. 1137.
(2) Eschine, c. Timarque, Scholies.

cratie, eût quelquefois renoncé à tirer de ses ouvrages un profit pécuniaire. Quoi qu'il en soit, les cas où l'orateur était assez désintéressé pour se passer d'une rémunération devaient être les plus rares. L'on comprend, surtout aujourd'hui, que celui qui mettait son talent au service d'un citoyen, opulent peut-être, ne se fît pas scrupule d'accepter le paiement de son travail. Antiphon avait acquis une fortune considérable. Par malheur les avocats ne se contentèrent point de mettre de côté le désintéressement, ils allèrent jusqu'à violer quelquefois la délicatesse et l'honnêteté. Tel est l'effet le plus commun des lois trop rigoureuses, que, voulant astreindre les hommes à un excès de vertu, elles ne font que les conduire à l'excès contraire. Démosthène, après avoir écrit un plaidoyer pour Phormion contre Apollodore, en composa un pour celui-ci contre le principal témoin du premier, Stéphanos, et discuta de nouveau les mêmes faits dans un sens opposé. On connut sa conduite et l'on en fut indigné ; ses ennemis, Dinarque, Eschine, ne cessèrent de rappeler qu'il avait gagné sa fortune à écrire des discours pour de l'argent, à en vendre en même temps aux deux parties, à en composer même contre ses amis (1). De pareils traits révélés au peuple ne le disposaient pas à cesser de considérer comme une prévarication coupable cette rétribution dont l'usage, si naturel, était devenu général parmi les avocats.

Les différentes fraudes que nous venons d'indiquer fu-

(1) Dinarque, c. Démosthène, §. 20. — Eschine, sur l'Ambassade, §. 52.

rent, à l'origine, vues de mauvais œil par les juges, même quand ils ne voulurent ou ne purent les empêcher, et sévèrement condamnées par l'opinion publique : « Tout au « plus, » dit M. Egger (1), « peut-on induire d'un témoi- « gnage de l'orateur Hypéride que, vers le temps d'A- « lexandre, la loi et l'opinion publique s'étaient un peu « relâchées de leur rigueur envers les avocats officieux : « leur intervention, en effet, y est louée comme un usage « bienfaisant et libéral, sans doute, et cela est sous- « entendu, pourvu qu'elle soit désintéressée. » Le passage que cite M. Egger (2) ne se rapporte qu'aux synagores, et il semble que jusqu'aux derniers jours de l'éloquence attique la profession d'écrivain de discours ait été considérée comme honteuse pour celui qui l'exerçait et comme incompatible avec la bonne administration de la justice. Cette différence que les mœurs auraient établie entre les deux genres d'intervention se comprend sans peine, si l'on songe qu'un citoyen ne pouvait se présenter comme *synagore* qu'à des intervalles assez rares et pour un nombre peu considérable de procès, tandis que rien n'empêchait un logographe fécond d'écrire des discours

---

(1) Ib., p. 14.

(2) Hypéride, P. Euxénippe, §. 10. — « Et en outre tu dis que « personne ne doit le secourir ni parler avec lui, mais tu engages « les juges à refuser d'entendre ceux qui monteront (pour parler); « cependant, qu'y a-t-il dans la ville de plus juste et de plus con- « forme à la démocratie que ceci, parmi tant d'autres choses ex- « cellentes, que de permettre, quand un particulier ayant un « procès et mis en péril ne peut se défendre lui-même, à celui « des citoyens qui le veut de monter pour le secourir et pour en- « seigner aux juges ce qu'il y a de juste dans l'affaire? (Pour « Euxénippe, §. 10, p. 6, éd. Schneidewin). »

pour tous ceux qni lui en demandaient. Le premier parlait en public et prenait la responsabilité du langage qu'il tenait comme de la démarche qu'il faisait; contre le second, l'on se trouvait dépourvu de toute garantie par le défaut de publicité. Aussi, en général, ne reprochait-on pas à quelqu'un d'avoir été *synagore*, à moins qu'il n'eût fait payer son assistance, tandis que le nom seul de logographe était une injure. Il est facile de s'en convaincre en lisant les orateurs attiques (1). On n'a qu'à voir de quelle manière Isocrate répond, dans le discours *sur l'Antidose*, au reproche d'avoir composé des discours pour autrui ; il semble qu'il ne s'en défende pas seulement « avec une sorte de coquetterie, » comme dit M. Egger (2) ; il le repousse avec indignation, il y revient souvent, lance ses traits les plus acérés contre quiconque a le malheur de se vouer à cette basse profession, confond dans un égal mépris ceux qui embrassent la défense d'une cause injuste et ceux qui composent des discours pour des procès privés (3). Le vertueux Isocrate ne craignait point de tromper par ce langage, sinon les juges, auxquels il ne s'adressait point réellement, du moins le public pour lequel il avait fait son apologie ou plutôt son éloge ; car il avait certainement écrit et probablement fait payer assez cher un certain nombre de plaidoyers.

Un phénomène étrange s'est produit chez les Athé-

(1) Eschine. — Sur l'Ambassade, §. 56. — C. Clésiphon, §. 57. — C. Timarque, §. 18.
(2) Ib., p. 23.
(3) Sur l'Antidose, §§. 2, 18, 26, n°s 19 et 26.

niens. La profession de *logographe* n'était pas autorisée par la loi ; elle était décriée par l'opinion publique. Mais c'était à la nécessité qu'elle devait son existence, et elle prit une grande extension. Tous les citoyens, petits ou grands, riches ou pauvres, honnêtes ou corrompus, y eurent recours, et les plaidoyers qui étaient prononcés devant les tribunaux furent tous composés par quelques hommes, habiles dans l'art d'écrire, sinon dans l'art de parler, et possédant les innombrables ressources de la dialectique oratoire. Ce fut comme un barreau occulte qui se forma dans Athènes. Il n'y avait personne qui en ignorât l'existence ou qui en désirât la suppression : mais il n'y avait non plus personne qui osât en déclarer l'intervention légitime, avouer qu'il l'employât quand il était partie, qu'il la tolérât quand il était juge. Les tribunaux devaient bien se douter que le simple citoyen qui prenait la parole devant eux leur apportait un discours dont il n'était pas l'auteur, surtout quand il s'agissait d'une de ces causes pour lesquelles tout le monde recourait au talent d'un même écrivain, d'un Isée, par exemple, ou que la partie avait déjà plus d'une fois récité des plaidoyers dont un Démosthène avait ensuite reconnu la paternité. Les *logographes* croyaient nécessaire d'employer toute leur énergie à protester que le discours était l'œuvre personnelle de la partie elle-même, et tout leur art à rendre vraisemblables les assertions qu'ils plaçaient dans sa bouche. Ils prenaient soin de se dissimuler le plus habilement du monde derrière leur client, et, comme s'ils n'eussent pas craint de se découvrir, cherchaient en même temps à démasquer le logographe, caché, comme eux-mêmes, derrière l'adversaire. Les juges étaient-ils dupes de cette tac-

tique? Il est difficile de le croire. En admettant qu'elle
les ait abusés les premières fois, au temps d'Antiphon,
on l'avait trop souvent employée pour qu'ils n'en eussent pas à la longue découvert le secret, et les Athéniens avaient trop d'esprit pour se laisser prendre à un
piége qui finissait par devenir grossier. Mais, sentant
qu'ils seraient peut-être appelés bientôt à figurer comme
plaideurs dans ces tribunaux où ils siégeaient momen-
tanément comme juges, ils ne voulaient pas, en pri-
vant les autres d'un secours indispensable, s'enlever à
eux-mêmes la faculté d'en user un jour. Il suffisait sans
doute, pour la paix de leurs consciences, d'être autorisés par la vraisemblance à croire que nulle main
étrangère n'avait écrit ce que venaient dire les plaideurs.

J'ai intitulé ce chapitre : *Des avocats chez les Athéniens.* Je n'ignore pas que le terme est impropre, si l'on
veut y attacher le sens qu'il a en français ou celui qu'a-
vait le mot *patronus* chez les Romains. Mais il m'a sem-
blé que je pouvais l'employer pour désigner sous une
seule expression tous les cas où un citoyen intervenait
pour un autre, et prononçait ou composait un plaidoyer
dans une affaire qui ne l'intéressait point directement
lui-même. Démosthène s'est trouvé tour à tour dans la
position du citoyen se substituant entièrement à un autre,
du *synagore*, du logographe, écrivant des discours, soit
pour la partie elle-même, soit pour des défenseurs, que
ceux-ci prissent sa place ou vinssent seulement parler
après elle. Le mot *avocat* peut être employé, si l'on
veut entendre par là une personne parlant ou écrivant
pour une autre personne engagée dans un procès.

CHAPITRE II

Les Grecs, comme les Romains, distinguaient les procès en procès publics et procès privés, les premiers intéressant la République elle-même, à cause de la nature du fait qui y donnait lieu et de la réparation réclamée, les seconds, regardant exclusivement les particuliers qui cherchaient à faire valoir ou à défendre leurs droits. La compétence, la procédure, la condamnation variaient selon la qualification donnée à la cause. Mais, quelle que fût cette qualification, il fallait, sans distinction, que l'affaire fût engagée sur la poursuite d'un particulier : l'Etat n'avait pas de représentant officiel chargé de demander justice en son nom. Ce n'était pas qu'il ignorât quel était son intérêt dans un grand nombre de causes, ou qu'il en méconnût l'importance; il avait fait de ces causes une classe à part, et il avait établi des peines sévères pour se protéger lui-même. Mais il avait laissé à ses membres le soin d'embrasser sa défense et de poursuivre ses injures; tous les citoyens pouvaient et devaient, dans les occasions, exercer les fonctions de ministère public. Il y avait, dans les petites sociétés de l'antiquité, un tel amour de la patrie, on attachait tant d'importance aux droits comme aux devoirs publics, on était si empressé à profiter des uns, si exact à remplir les autres, que ce système, tout défectueux qu'il fût, ne laissa pas que d'assurer une protection efficace aux intérêts politiques et sociaux. Il produisit de la confusion dans l'administration de la justice; il favorisa des poursuites et amena des condamnations injustes, mais il habitua les citoyens à veiller sur la République avec une infatigable attention.

Démosthène a composé des plaidoyers pour des causes publiques et pour des causes privées. En tête des premiers, il faut placer ses grands plaidoyers politiques, *sur l'Ambassade* et *sur la Couronne*. Dans le discours *sur l'Ambassade*, il accuse Eschine de s'être vendu à Philippe, auprès duquel cet orateur avait été envoyé avec neuf autres députés. Il lui reproche de s'être entendu avec Philocrate pour conseiller aux Athéniens d'acquiescer à une paix honteuse, d'avoir perdu un temps précieux en Macédoine, quand il pouvait rejoindre Philippe dans la Thrace, et le lier par un serment avant que la conquête de ce pays ne fût terminée; enfin, d'avoir empêché Athènes de secourir les Phocéens, en promettant faussement que Philippe ne les détruirait pas. Le discours *sur la Couronne* est un plaidoyer pour Ctésiphon. Ctésiphon ayant proposé de décerner une couronne à Démosthène pour les services qu'il avait rendus à la République, et de la proclamer lors de la fête des Dionysiaques, dans le théâtre de Bacchus, Eschine l'accusa d'avoir fait une proposition illégale, parce que Démosthène, étant comptable, ne pouvait être couronné, et que les lois ne permettaient pas de proclamer une couronne dans le théâtre, et mensongère, parce que Démosthène n'avait rendu aucun service et que ses conseils avaient toujours été funestes à la République. Démosthène était attaqué, sinon accusé; il prit la parole pour Ctésiphon, ne traita qu'accessoirement la question de légalité, et consacra la plus grande partie de son discours à défendre sa politique.

A quinze années de distance, le sujet des deux discours est le même : c'est le récit et la justification de la lutte engagée par Athènes et dirigée par Démosthène contre Philippe. La commune épigraphe, le résumé de l'un et de l'autre serait cette belle phrase d'Hypéride sur Léosthène : « Voyant que la Grèce tout entière était « abaissée, et que son antique gloire était flétrie par « ceux qui recevaient des présents de Philippe et d'A- « lexandre pour la ruine de leurs patries, que notre « ville avait besoin d'un homme et que toute la Grèce « avait besoin d'une ville qui pût se mettre à sa tête, il « se donna à sa patrie et donna la ville à la Grèce pour « la liberté (1). » Seulement, à l'époque où le discours *sur l'Ambassade* fut prononcé, le dénouement était encore caché aux regards des Athéniens; ils fondaient des espérances sur leurs négociations ou sur leurs guerres et gardaient leurs illusions sur la probité ou la capacité des hommes qu'ils y employaient. Quand l'accusation

(1) Oraison funèbre, ₴. 50. Ed. Copet.

d'Eschine contre Ctésiphon fut, après de longs délais, portée devant un tribunal, tout était fini; les anciens témoins de cette lutte mémorable pouvaient juger avec les lumières et l'impartialité de l'historien les événements qui s'étaient accomplis et les hommes qui y avaient pris part. Démosthène fut vaincu la première fois et vainqueur la seconde. Malgré les grandes beautés du discours *sur l'Ambassade*, et quoiqu'on y retrouve souvent les mêmes sentiments que dans le discours *sur la Couronne*, celui-ci a été jugé supérieur par les contemporains comme par la postérité : c'est le même sujet, mais il est agrandi, car l'orateur embrasse la lutte tout entière, au lieu de se borner à l'un des épisodes; ce sont les mêmes arguments et les mêmes idées, mais ils prennent plus d'autorité dans la bouche de cet homme qui ne craint pas de les reproduire après la contradiction qu'il a reçue de la fortune ; ce sont les mêmes sentiments enfin, mais ils paraissent plus nobles et plus touchants; on dirait l'oraison funèbre de la Grèce antique, morte à Chéronée.

Dans tous les pays, les tribunaux sont préposés à la garde des lois en ce sens qu'ils sont chargés d'en assurer l'exécution et d'en punir la violation. Le législateur athénien leur avait conféré un pouvoir plus étendu encore. Quand une loi avait été proposée ou rendue, sans que les formes prescrites fussent observées, quand elle était contraire aux lois en vigueur, et que celui qui l'avait présentée n'avait pas eu soin de faire abroger expressément celles-ci, quand elle était contraire à l'intérêt de la République, ne fût-elle en opposition avec aucune des lois déjà existantes, celui qui en était l'auteur pouvait être déféré aux tribunaux, qui prononçaient en

même temps sur son sort et sur celui de la loi (1). Il
en était de même des décrets à plus forte raison. Nous
avons vu déjà une action de ce genre dans le procès
intenté contre Ctésiphon pour un décret qu'Eschine
voulait faire déclarer illégal. Il y a quatre autres plaidoyers de Démosthène sur des causes d'illégalité. Il
s'unit à Ctésippe contre Leptine, auteur d'une loi qui
abrogeait l'exemption des services publics établie en
faveur de certaines personnes, et ne faisait d'exception
que pour les descendants d'Harmodius et d'Aristogiton.
Il composa pour Euthyclès un discours contre Aristocrate; celui-ci avait proposé de déclarer quiconque tue-
rait un général au service d'un roi de Thrace, Charidème
d'Orée, mis hors la loi sur tout le territoire appartenant
aux Athéniens ou à leurs alliés et d'exclure de l'alliance
la ville ou le particulier qui lui donnerait asile. Euthyclès
poursuivit Aristocrate, parce que le décret était illégal,
comme portant d'avance une peine, sans remettre aux
tribunaux le soin de la prononcer, parce qu'il était
funeste à la République et que Charidème n'était pas
digne d'une telle faveur. Deux autres discours furent
écrits pour Diodore, l'un contre Androtion, qui avait
proposé de couronner le Sénat des Cinq-Cents, quoique
la loi défendît au Sénat de demander une couronne s'il
n'avait pas fait construire de vaisseaux et que cette
condition n'eût pas été remplie; l'autre contre Timo-

---

(1) Les tribunaux des Etats-Unis jouissent d'un pouvoir analogue. V. M. de Tocqueville, Démocratie en Amérique, ch. 6 :
*Du Pouvoir judiciaire aux Etats-Unis et de son action sur la
société politique.*

crate, parce qu'il avait présenté une loi pour permettre aux débiteurs de la République d'échapper à l'emprisonnement en donnant caution, Diodore alléguant que la loi avait été portée irrégulièrement et qu'elle était faite en vue de quelques particuliers, notamment de ce même Androtion. On voit, d'après ce rapide exposé, quelle était l'étendue des actions dont je viens de parler et quel pouvoir avaient les tribunaux, puisqu'ils étaient appelés à examiner, non-seulement si les lois ou les décrets avaient été régulièrement présentés au peuple et acceptés par lui, s'ils étaient conformes aux lois établies, mais encore s'ils étaient opportuns ou convenables, s'ils ne blessaient pas soit l'intérêt, soit la dignité de la République, puisque les juges avaient le droit de descendre en quelque sorte dans la conscience de l'auteur de la loi et d'y rechercher s'il avait pensé au bien de tous ou à l'utilité de quelques-uns. Une telle autorité ne pouvait convenir qu'à des tribunaux composés comme ceux d'Athènes, où le législateur de la veille siégeait comme juge. Elle eût offert les plus graves dangers, ou plutôt on ne l'eût pas soufferte, si les pouvoirs judiciaire et législatif n'avaient pas été réunis dans les mêmes mains, bien qu'ils s'exerçassent différemment.

C'est également une action publique que Démosthène dirigea contre Midias. Il était chorège et comme tel il avait un caractère sacré. Midias l'insulta, le souffleta, employa la violence et la brigue pour l'empêcher d'obtenir la couronne. Démosthène le cita devant le peuple, qui le déclara coupable, puis devant les juges chargés de porter la peine. C'est pour cette seconde partie de l'action que fut composé le discours qui nous reste. Il paraît qu'il ne fut point prononcé. Midias offrit à Démosthène une transaction que celui-ci accepta. Les ennemis de l'orateur lui en firent des reproches sanglants : « Ce « n'est pas une tête qu'il a, c'est un capital, » dit Eschine (1). Plutarque, intéressé comme biographe à prendre la défense de Démosthène, allègue que celui-ci, encore jeune, sans fortune et sans amis, craignit de n'obtenir pas justice contre un homme riche et puissant, et, sans spéculer sur son injure, aima mieux accepter une réparation quelconque à l'amiable que de voir Midias impuni (2).

On conteste généralement l'authenticité des discours contre Aristogiton. Lycurgue et un autre orateur avaient poursuivi ce citoyen pour lui faire défendre de parler en public jusqu'à la fin d'un procès que lui-même avait intenté en vue d'établir qu'il ne devait rien à la ville, l'accès du Phyx et des tribunaux étant interdit aux débiteurs du trésor. Quel est cet autre orateur? C'est parmi les œuvres de Démosthène que se trouvent les discours, mais le premier au moins est attribué à l'orateur Hypéride par Denys d'Halicarnasse. Démosthène a peut-être ordinairement le raisonnement plus nerveux, le style moins abondant et moins figuré, et, quoiqu'il soit difficile de prononcer sur une question de ce genre entre deux orateurs de la même époque, doués l'un et l'autre d'un rare talent, il semble aux commentateurs modernes que les grammairiens aient eu des raisons plausibles pour la trancher ainsi.

Les plaidoyers privés sont nombreux. Les premiers

(1) C. Ctésiphon, 2. 74.
(2) Vie de Démosthène, 2. 12.

que Démosthène ait composés sont ceux qui furent dirigés contre l'un de ses tuteurs, Aphobe, et contre Onétor, beau-frère d'Aphobe.

A peine majeur, Démosthène agit contre les tuteurs infidèles qui avaient dilapidé sa fortune. Aphobe, condamné, accusa de faux témoignage un de ceux qui avaient déposé contre lui, et Démosthène prit sa défense. Réduit à délaisser ses biens, Aphobe fit intervenir Onétor qui chassa Démosthène des domaines en possession desquels celui-ci s'était mis, sous prétexte qu'ils avaient été engagés à sa sœur, femme d'Aphobe, pour garantie de sa dot. Un nouveau procès eut lieu. Les plaideurs athéniens savaient trouver des ressources innombrables pour échapper aux conséquences des condamnations qu'ils avaient encourues. Démosthène était fort jeune quand il agit contre ses tuteurs. Les plaidoyers excitèrent l'admiration, mais au détriment de celui qui les prononçait. On refusa de l'en croire l'auteur, et l'on prétendit qu'il les avait fait écrire par Isée (1). Il est probable que ce maître savant et habile revit l'œuvre de son élève; mais, autant qu'il est permis de le juger par le petit nombre de plaidoyers qui nous restent de lui, il serait étonnant qu'il eût trouvé les accents pathétiques qui émurent les juges du jeune Démosthène.

Les éditeurs anciens ont réuni, sous le titre commun d'*Exceptions*, sept discours consacrés à faire valoir ou à repousser le moyen de droit auquel on donne ce nom.

(1) Plutarque, *Vie d'Isée*, Libanius, *Vie de Démosthène*.

Ce moyen consiste à prétendre que les juges doivent écarter la demande qui leur est adressée, sans examiner si elle est bien fondée, soit parce qu'ils ne sont pas compétents pour en connaître, soit parce qu'elle ne peut être soumise à aucun tribunal, pour une raison ou pour une autre. Les plaidoyers dont il fait le sujet sont ceux qui furent prononcés contre Zénothémis, contre Apaturios, contre le commerçant Phormion, contre le rhéteur Lacritos, pour le banquier Phormion contre Apollodore, fils de Pasion, contre Pantænète, contre Nausimaque et Xénophithe. Tantôt le défenseur oppose l'incompétence du tribunal où il est cité, par exemple, parce que ce tribunal est institué uniquement pour juger les contestations sur la propriété des mines, et que la violence figure parmi les chefs d'accusation (1); tantôt il allègue qu'il n'est pas un tribunal athénien qui puisse connaître de la demande, les juges d'Athènes n'ayant pas le droit de prononcer sur les contrats commerciaux qui n'ont pas été passés dans Athènes ou qui n'y devaient pas être exécutés (2). L'exception tirée de ce qu'il y a eu transaction entre les parties est une de celles qui sont le plus fréquemment invoquées (3). En général, les plaideurs ne se contentent pas de développer ce moyen, et ils acceptent la discussion du fond. Ainsi, l'exception d'incompétence ne les empêche pas d'examiner des questions de prêt maritime

(1) Contre Pantænète.
(2) Contre Zénothémis, contre le commerçant Phormion.
(3) Pour le banquier Phormion, contre Pantænète, contre Nausimaque et Xénophithe.

dans les discours contre Zénothémis et contre le commerçant Phormion, de se justifier de toute usurpation sur la propriété des mines et de toute violence sur le propriétaire dans le discours contre Pantænète ; le banquier Phormion, se défendant contre Apollodore, après avoir allégué qu'il a transigé avec lui, démontre en fait que son adversaire n'a rien à réclamer à raison de l'hérédité laissée par Pasion.

Démosthène était l'avocat ordinaire d'Apollodore, je l'ai dit plus haut. Il consentit même à composer un plaidoyer pour lui dans un procès où le fils de Pasion voulait faire revenir les juges sur la décision rendue par eux en faveur de Phormion. Stéphanos avait attesté qu'Apollodore avait refusé de communiquer le testament de son père, et c'était sur cette disposition que le jugement avait été prononcé. Apollodore l'accusa de faux témoignage, et profita de l'occasion qu'il faisait naître lui-même pour plaider de nouveau sur le premier procès. C'est à lui que Démosthène fournit des discours contre le général Timothée, poursuivi comme débiteur de la banque de Pasion, contre Callippe qui s'en disait créancier, contre Nicostrate, détenteur d'esclaves qu'Apollodore prétendait appartenir à un homme condamné sur sa poursuite comme faux témoin et dont les biens avaient été confisqués. Enfin, dans des causes où la politique se trouvait mêlée, mais qui n'en restaient pas moins purement privées, parce que c'était un intérêt privé qui était en question à propos d'une mesure adoptée ou d'une entreprise exécutée par la République, Démosthène écrivit le plaidoyer contre Polyclès, qui avait refusé de prendre les fonctions onéreuses de triérarque à l'expiration du temps d'Apollodore, ainsi que le discours *sur la couronne du triérarque,* où Apollodore sollicite une couronne promise au triérarque dont le vaisseau est le mieux équipé. Ce dernier discours rappelle tout-à-fait les Philippiques ; on y retrouve les mêmes idées, le même style, le même ton; il semble que l'orateur, devenu logographe, ne se soit pas rappelé qu'il allait faire entendre une autre voix que la sienne.

Les procès s'engendrent les uns les autres chez les Athéniens, soit que les plaideurs se fassent un point d'honneur de ne point céder, soit qu'ils aient la conscience de leur droit et le veuillent défendre jusqu'à la dernière extrémité, soit que les adversaires s'acharnent les uns sur les autres. Tantôt c'est la partie triomphante qui a besoin d'un second jugement pour faire exécuter le premier; tantôt le vaincu tâche de soumettre une seconde fois aux juges la question qu'ils ont tranchée, en formant une accusation de faux témoignage. Le procès pour lequel Démosthène donna à son client Apollodore un discours contre Nicostrate est au moins le troisième d'une série : Aréthusius avait déposé dans le premier; Apollodore vaincu l'avait fait, dans le deuxième, condamner comme faux témoin à la confiscation des biens; dans le troisième, il poursuivit Nicostrate comme retenant une partie des biens confisqués. Les citoyens engageaient entre eux d'interminables guerres, où il fallait vaincre bien des fois avant de triompher, comme dit Corneille : chaque procès n'était qu'un combat, qu'un épisode.

C'est dans une lutte de ce genre que Démosthène intervint en composant deux plaidoyers pour Mantithée contre son frère Bœotus. La première fois, ce fut son client qui voulut faire défendre à Bœotus de porter le nom de Mantithée, en soutenant que leur père commun Mantias n'avait reconnu que malgré lui cet enfant né de ses amours avec une femme légère, Plangon. Il succomba. Bœotus, à son tour, réclama de Mantithée la dot qu'il prétendait avoir été apportée par sa mère Plangon à Mantias, soit que, la bigamie étant permise chez les Athéniens, comme le pensent quelques juris-consultes, Mantias eût eu deux femmes légitimes en même temps, soit que les concubines elles-mêmes pussent apporter une dot et la réclamer à la dissolution du lien qui les unissait à un homme peut-être déjà marié.

On ne sait si Démosthène avait la même réputation qu'Isée pour les procès de succession. Il a composé trois plaidoyers sur des questions d'hérédité, contre Macartatos, contre Léocharès, contre Olympiodore. Ce dernier discours offre encore un exemple curieux des ressources que les plaideurs athéniens se ménageaient pour n'être jamais condamnés sans trouver moyen d'attaquer la condamnation et de la complaisance avec laquelle les juges se prêtaient à ce manége qui n'avait même pas besoin d'être caché à leurs yeux pour réussir.

Les autres plaidoyers ont été composés contre Spudias, pour le recouvrement d'une dot; contre Calliclès qui voulait faire reconnaître l'existence d'une servitude sur le fonds d'un voisin; contre Dionysiodore, à l'occasion d'un prêt maritime; en appel pour Euxithée contre Eubulide qui lui avait fait retirer par le dème le titre de citoyen; enfin contre Conon, pour coups et blessures. Ce dernier est, selon Reiske, le seul des plaidoyers privés qui ait obtenu l'attention et les éloges des anciens rhéteurs.

Il est, en outre, un certain nombre de discours dont l'authenticité fait difficulté. On considère comme apocryphe le discours contre Phænippe sur l'*Antidose*. Le plaidoyer contre Evergos et Mnésibule, accusés de faux témoignage, est généralement attribué à Dinarque; il en est de même du plaidoyer contre Théocrinès, relégué, on ne sait pourquoi, parmi les causes privées, car il est consacré à démontrer que ce citoyen, ayant subi diverses condamnations et n'ayant pas acquitté ses amendes, n'a pas le droit de prendre la parole en public. Les grammairiens ont même refusé de reconnaître Démosthène pour l'auteur du double plaidoyer contre Néæra (1). Je regretterais qu'ils eussent eu raison. Mais, comme ils n'ont apporté aucun motif grave à l'appui de leur opinion, et qu'ils n'indiquent pas quel serait, à défaut de Démosthène, l'auteur de ce remarquable discours, il est permis de le lui laisser jusqu'à plus ample informé. D'ailleurs, si c'est un certain Théomneste qui accuse Néæra, c'est Apollodore, le client de Démosthène, qui soutient et développe l'accusation en qualité de *synagore*. N'est-il pas vraisemblable que dans cette occasion il ait recouru à l'avocat dont il avait tant de fois éprouvé le talent?

Il y a deux manières d'étudier un livre : on y recherche quelle fut la méthode, le talent, le génie peut-être de celui qui l'a écrit, ou l'on recueille les renseigne-

(1) Denys d'Halicarnasse, Περὶ Δημοσθένους δεινότητος, in fine. — Athénée, l. 13. — Photius, cod. 265.

ments plus ou moins complets et précis que, soit à
dessein, soit involontairement, il y a comme déposés
pour l'instruction de la postérité sur les institutions de
son pays, sur les événements de son siècle, sur les mœurs
de ses contemporains : en un mot, on peut étudier ou
l'auteur ou son temps. C'est à la première étude que je
m'attache, mais je dois faire remarquer que les plaidoyers de Démosthène fourniraient et ont fourni à la
seconde une abondante matière. Il a suffi de les énumérer, d'indiquer la nature des diverses affaires où ils
ont été prononcés pour montrer quel profit l'étude du
droit et l'histoire en peuvent tirer.

Les jurisconsultes doivent à ces plaidoyers une partie
considérable des matériaux avec lesquels ils ont recons-
truit le droit public et le droit privé des Athéniens.
L'organisation des tribunaux criminels est exposée complètement dans le discours contre Aristocrate, la situation des débiteurs du trésor, le mode d'après lequel
étaient perçus les impôts et recouvrées les amendes,
dans le discours contre Timocrate, les discours contre
Leptine et contre Androtion nous apprennent quelles
étaient les conditions et la nature des récompenses décernées à ceux qui avaient bien mérité de la ville. Les
uns et les autres traitent, avec plus ou moins de développement, de la présentation et de l'abrogation des
lois. Quant au droit privé, Démosthène a tour-à-tour
écrit des plaidoyers sur des questions de prêt maritime,
de biens engagés, de tutelle, de filiation, d'hérédité, de
coups et blessures. Comme les plaideurs avaient à exposer leurs affaires devant des juges qui connaissaient
fort peu les lois d'après lesquelles ils devaient prononcer, il fallait citer tous les textes sur lesquels on s'ap-

puyait : on a instruit la postérité en instruisant les tribunaux athéniens.

L'historien trouve dans ces discours de précieux détails sur les évènements qui se sont passés alors sur les guerres et sur les négociations des Athéniens, sur leurs rapports avec Philippe, avec les rois de Thrace, avec les alliés, avec la Grèce tout entière ; il trouve mieux encore, car les détails ont souvent besoin d'un contrôle sévère, la bonne foi n'étant pas la qualité distinctive des avocats dans l'antiquité : il pénètre l'esprit de cette constitution faite dès l'origine pour assurer l'éternelle durée de la démocratie, où des modifications successives avaient fait disparaître toutes les dispositions destinées à en corriger les inconvénients et avaient comme livré le peuple à l'influence exclusive des orateurs ; il reconnaît combien cette influence devait être dangereuse, puisque au lieu de servir de contrepoids à la puissance populaire, elle avait besoin de la flatter pour se soutenir : il apprend à connaître la politique de ce peuple, animé du plus vif désir de la gloire, se croyant toujours plein de désintéressement et de générosité, quelquefois avec raison disposé à prendre de bonne foi son intérêt pour celui de la Grèce tout entière, se faisant une arme des principes démocratiques, mais ne poussant pas l'aversion pour les gouvernements monarchiques et oligarchiques jusqu'à refuser leur alliance quand il en avait besoin, ou l'amour de la liberté et de l'égalité jusqu'à donner à ses sujets et à ses alliés les droits dont il jouissait lui-même, peu scrupuleux, malgré sa réputation d'humanité, sur les moyens à employer pour réussir, compromettant ses meilleures entreprises par les indiscrétions nécessaires de la place publique, ou forcé de

laisser à ses généraux un immense pouvoir dont ils abu-
saient presque toujours, et se vengeant sur eux de ses
revers, en fussent-ils innocents.

Comme les plaidoyers publics donnent une image de
la société politique d'Athènes, les plaidoyers privés
offrent un vivant tableau de la société civile. On y
rencontre encore d'étranges contrastes. Nul peuple n'a
cette douceur de mœurs, cette φιλανθρωπία, comme
disent les écrivains athéniens, qui rend ordinairement
les relations des particuliers faciles et agréables, et qui
se manifeste même à l'égard des esclaves. En même
temps il semble que les biens, l'honneur, la vie des citoyens ne soient pas suffisamment protégés; que les audacieux puissent à leur gré, sans avoir rien à craindre,
pénétrer dans le domicile d'autrui, y prendre, sous le
prétexte le plus futile, ce qui leur convient, insulter ou
maltraiter ceux qu'ils rencontrent dans les rues d'A-
thènes : tous les plaideurs ont des traits de ce genre à
raconter de leurs adversaires. Ces Athéniens, dont l'esprit est si fin et si délicat, après s'être rassasiés de ce
qu'il y a de plus exquis dans les œuvres de l'intelligence,
se livrent, en dépit de la morale et même du goût, aux
plus grossières, aux plus honteuses jouissances. Leur
douceur de mœurs ne va pas jusqu'à la politesse. On
reconnaît une société où la femme n'exerce pas son
légitime et doux empire. Il n'y a que des courtisanes ou
des ménagères : les unes, étrangères ou esclaves, vils
instruments de débauches dont souvent on se partage
la jouissance, par une convention expresse ou en vertu
d'une décision judiciaire; les autres, filles, femmes et
mères d'Athéniens, mais n'obtenant pas pour elles-
mêmes le nom trop beau d'Athéniennes, destinées,

dirai-je condamnées ? à s'enfermer dans la partie la plus reculée de leurs maisons, pour présider et prendre part à d'obscurs travaux. Les unes étaient méprisées, les autres dédaignées.

Tous ces renseignements, ces détails, ces considérations, dont j'ai seulement donné quelques exemples, seraient à leur place dans une histoire du peuple athénien, dans un traité sur ses lois ou sur ses mœurs, où ils pourraient être complétés à l'aide d'observations recueillies chez différents auteurs sur le même sujet. Si l'on voulait les faire entrer dans un travail sur Démosthène, on n'aurait que des fragments d'étude nécessairement incomplets, juxtaposés sans lien commun qui les réunît les uns aux autres (1).

(1) Voir notamment le Chariklès de Becker.

CHAPITRE III.

Le premier soin d'un auteur est de chercher ce qu'il dira. Cette tâche offre plus ou moins d'étendue et de difficulté, selon le genre qu'il embrasse. Dans les œuvres d'imagination, il doit tout à soi-même; lorsque l'histoire ou les légendes lui fournissent certains éléments, il les soumet en quelque sorte au travail d'une création nouvelle, les combine, les transforme et les développe pour en tirer l'expression des idées et des sentiments qu'il trouve en son âme. L'historien, au contraire, recueille les faits et s'efforce d'en écrire un récit exact et complet; les événements lui donnent d'eux-mêmes le sujet de son ouvrage; sans doute il ne se borne pas à rassembler des dates et des noms propres dans les pages arides d'une chronique, il recherche les causes qui ont produit, les résultats qui ont suivi les faits dont il parle; mais ce sont encore des faits qu'il observe dans cette recherche : seulement, pour les apercevoir, il a besoin d'appeler une

faculté nouvelle, la sagacité, au secours de la mémoire.
Cependant tout ne lui vient pas du dehors; il peut, par
exemple, apprécier la conduite et le caractère des hommes;
il y a dans l'histoire une place pour le jugement, s'il n'y
en a pas pour l'imagination. L'avocat, comme l'historien,
rencontre dans chaque affaire une matière première; il
doit connaître tout ce qui s'est passé, pénétrer les causes
et les conséquences des événements ou des actions qui
ont donné naissance au différend; mais il ne fait ce travail ni pour la même fin, ni de la même manière que
l'historien; il veut prouver, non raconter; il songe à gagner sa cause, dans l'intérêt actuel de son client, non à
composer pour la postérité un récit impartial et scrupu-
leusement exact; aussi ne faut-il ni s'étonner, ni s'indigner de le voir rechercher les circonstances et embrasser
les interprétations les plus favorables à celui qu'il défend.
Comme le poète, il tire parti des éléments qu'il a sous
la main; il les dispose et les combine à son gré, il trouve
ou fait naître l'occasion de développer ses pensées, d'exprimer ses sentiments; mais , à la différence du poète,
il ne cherche pas uniquement à charmer ou à émouvoir
ses auditeurs, il travaille à les persuader. Il faut qu'il
dissimule avec soin l'effort, oserai-je dire créateur? de
son esprit. Il prétend démontrer la vérité; tout dans son
discours doit tendre à établir qu'il n'a pas d'autre pensée. En un mot, la faculté d'invention, chez l'avocat,
s'exerce sur un double objet dans une vue unique, pour
convaincre le juge; dire quelle est cette vue, c'est indiquer les conditions et les limites du double travail d'invention qui est imposé à l'avocat.

Selon les anciens, il y a deux genres de preuves : les
unes, tirées de la cause même, qu'ils nommaient

ἀτέχνους (1) ou *inartificiales* (2), c'est-à-dire sans art ou naturelles; les autres, dues à la méthode et au génie de l'orateur, qu'ils nommaient ἐντέχνους ou *artificiales*, c'est-à-dire trouvées par l'art.

Aristote, l'auteur de cette distinction, comptait cinq sortes de preuves naturelles : la loi, les témoins, les contrats, la question, le serment (3); trois espèces de preuves artificielles, s'il m'est permis de me servir de ce mot, les mœurs, les passions, la démonstration soit par l'exemple, soit par l'enthymème (4).

Il est deux opérations qu'il importe essentiellement de distinguer : la première consiste à chercher les éléments de la conviction ou de la persuasion; la seconde à en faire sortir soit la conviction, soit la persuasion. Les mœurs et les passions tendent à persuader, la démonstration à convaincre. Les unes et les autres ont également besoin d'éléments; c'est à l'invention qu'elles les doivent, et c'est nécessairement pour les unes ou pour les autres que l'invention rassemble des matériaux.

Les preuves *naturelles*, est-il besoin de le dire? demeureraient presque stériles sans les preuves artificielles. L'avocat se sert des dépositions de témoins, des termes d'un contrat, pour en tirer par le raisonnement, d'une manière plus ou moins directe, la démonstration de sa thèse ou faire partager aux juges la passion dont il est animé, en rappelant ce qui l'a excitée en lui.

---

(1) Aristote, Rhétorique, liv. 1, ch. 2, ?. 2.
(2) Quintilien, Inst. Orat., liv. v, ch. 1.
(3 Rhét., liv. 1, ch. 15, ?. 2.
(4) Ib., ib., ch. 2, ??. 3 et 8.

Le fait et le droit sont les premiers objets de l'invention, ceux que l'avocat cherche dans la cause qu'il se charge de soutenir. Les preuves *naturelles* servent à établir l'un et l'autre.

Mais cela ne suffit point. L'avocat a souvent besoin, pour la démonstration, pour les mœurs ou pour les passions, d'éléments que le procès ne lui fournit pas. Les uns lui viennent du dehors, les autres de lui-même ; au nombre des premiers sont les exemples que lui procure l'histoire ; les autres sont certaines idées, certains sentiments qu'il trouve dans sa propre intelligence ou dans une espèce de fonds commun, mis par la rhétorique à la disposition de tous les orateurs et qu'ils peuvent s'approprier.

A chaque cause se rapportent certains faits, tantôt reconnus par les deux parties, tantôt affirmés par l'une d'elles et niés par l'autre. Le nombre en est plus ou moins considérable, non-seulement selon que chaque affaire est plus ou moins importante, mais encore selon que le tribunal se donne une plus ou moins grande latitude dans le jugement des affaires qui lui sont soumises. Est-il astreint à se prononcer d'après le droit rigoureux, se considère-t-il uniquement comme l'intermédiaire nécessaire placé entre la loi et les citoyens pour imposer à ceux-ci les prescriptions de celle-là? Il suffit bien souvent d'exposer les faits sur lesquels le procès est engagé. Si, au contraire, le législateur a donné ou si la coutume a laissé prendre au juge le pouvoir d'apprécier et les événements et les hommes, de subordonner sa décision à l'opinion bonne ou mauvaise qu'il apporte ou qu'il se forme à l'audience sur le caractère des parties, la cause s'étend, les faits qui doivent entrer en considération et dont l'avocat doit s'occuper deviennent bien plus nombreux. Le législateur athénien avait défendu aux plaideurs de parler « en dehors de l'affaire, » mais sa défense ne pouvait pas être et n'avait pas été respectée, les tribunaux ayant commencé nécessairement eux-mêmes par juger « en dehors de l'affaire. »

Aussi voyons-nous que Démosthène ne se borne pas à faire connaître aux juges les faits qui ont donné naissance au différend : il examine la vie tout entière des adversaires contre lesquels il parle ; il remonte quelquefois jusqu'à leur enfance, il dit quelles ont été leurs mœurs privées, leurs relations, quelle conduite ils ont tenue, soit à la guerre, soit dans les diverses fonctions publiques dont ils ont été chargés, quel a été leur langage à la tribune ; il cherche ordinairement s'il n'y a pas moyen de leur contester la qualité d'Athénien ou le droit de parler en public ; lorsqu'il n'ose pas affirmer, il insinue. D'un autre côté, il met sous les yeux des juges ses actions ou celles de son client, les services signalés rendus à la République, les bienfaits discrets répandus sur les particuliers ; il rappelle les excellents souvenirs qu'a laissés sa famille dans tous les cœurs. Il semble parfois que les juges n'aient d'autre rôle que de faire triompher le plus digne. Cette espèce de discussion sur la personne des deux parties ne suffit même pas. En attaquant son adversaire, on attaque les *synagores* qui doivent venir à son aide (1). L'on a quelque trait à raconter sur eux, quelque reproche grave à leur

_____

(1) V. Esch. c. Timarque, §. 24, et sqq.

faire, quand on ne les met pas personnellement en cause.

L'étude et la recherche des faits sont incomplètes, si, connaissant les événements, les actions, on n'en pénètre pas les motifs. Tel ou tel motif donne de la gravité à une action qui n'en avait point par elle-même, permet d'en tirer argument dans un sens, quand au premier abord elle semblait fournir une raison dans un autre. Il faut une grande sagacité pour reconnaître ces faits intérieurs à l'aide des faits extérieurs déjà connus. C'est un travail où, pour dire la vérité, l'imagination a souvent sa part; celui qui l'entreprend invente quelquefois plus encore qu'il ne découvre. Isocrate y excelle et s'y complaît; il tire des oppositions et des développements sans nombre de l'espèce de délibération qu'il trouve ou qu'il imagine dans la pensée de ceux dont il parle; on dirait qu'il y a lui-même assisté, au soin minutieux avec lequel il rapporte toutes les raisons qui s'y sont agitées et nous explique pourquoi les unes ont triomphé des autres. Démosthène est aussi habile que lui dans cet art, quoiqu'il en fasse moins d'étalage pour trouver plus de créance : il se demande pourquoi son père a fait des legs importants à ceux qu'il lui laissait pour tuteurs : « C'était afin d'obtenir « l'une de ces deux choses, ou qu'ils eussent soin d'être « meilleurs tuteurs, à cause de ce qui leur était donné, « ou que, s'ils étaient malhonnêtes, ils ne trouvassent « auprès de vous aucune indulgence, ayant commis une « telle faute envers nous, après avoir reçu un don si con- « sidérable (1). » Apollodore agit contre Polyclès qui a

(1) Contre Aphobe I, p. 827.

refusé de prendre à son tour les fonctions de triérarque ; il rapporte que le général a donné raison à son adver- saire, et d'une décision qui lui est contraire il tire ar- gument en sa faveur. Le général, selon lui, n'avait pas voulu renvoyer du service un triérarque avec lequel il était sûr d'avoir toujours un vaisseau en bon état : il avait emprunté de l'argent à Polyclès à condition que celui-ci serait libre de faire ce qu'il voudrait ; enfin il avait trouvé chez Apollodore une résistance obstinée à une entre- prise illégale et il voulait se venger (1). Aphobe demande qu'on mette à la question un homme que Démosthène prétend libre : l'orateur dit qu'Aphobe veut se ménager un prétexte pour refuser de livrer ses esclaves sans com- promettre sa cause (2). Quelquefois Démosthène cherche à faire accepter aux juges des motifs bien peu vraisem- blables : par exemple, quand des demandeurs se plaignent que le défendeur désire non pas échapper à une condam- nation, ce qui serait tout naturel, mais les faire eux- mêmes condamner à l'amende des plaideurs téméraires et à l'emprisonnement, quand ils assurent que c'est uniquement dans cette vue qu'il soutient le procès (3).

Les faits allégués n'ont par eux-mêmes aucune auto- rité. Il faut qu'ils soient confirmés par une attestation extérieure, soit par la déposition des témoins, qu'elle soit librement énoncée ou arrachée dans la torture, soit par le serment, soit par un écrit. Aucune assertion ne doit valoir sans preuve.

---

(1) Contre Polyclès , p. 1220.
(2) Contre Aphobe III , p. 856.
(3) Contre Dionysiodore , p. 1284.

4

On comprend que la difficulté et les conditions de l'invention varient selon que la preuve est exigée avec plus ou moins de rigueur. Demander que les parties justifient de leur droit de telle manière qu'il ne reste plus l'ombre d'un doute dans l'esprit des juges, ce serait souvent leur dénier justice, en leur interdisant la recherche de la vérité par les moyens les plus légitimes, quoiqu'ils ne soient pas toujours décisifs. Les autoriser à produire toutes leurs prétentions sans apporter de preuves à l'appui, ou bien accepter ces preuves sans les soumettre à un contrôle sévère, ce serait ouvrir le champ le plus vaste à l'imagination des plaideurs ou de leurs défenseurs, et peut-être faire courir de grands risques à leur sincérité.

Il semble que le premier de ces deux excès n'ait pas été à craindre pour les tribunaux d'Athènes.

Nous trouvons dans les plaidoyers de Démosthène un assez grand nombre d'assertions qu'il ne se donne pas la peine de prouver. Il est vrai que les faits qu'il allègue de cette manière ne sont pas généralement de ceux qui paraissent essentiels à la cause; mais ils n'en sont pas moins quelquefois destinés à exercer une grande influence sur la décision des juges. C'est ainsi qu'il accuse Midias de devoir son état civil à une inscription frauduleuse sur les registres de la cité (1), qu'il impute à Androtion les mauvaises mœurs qui éloignaient de la tribune (2), à Timocrate une honteuse vénalité (3), que, pour faire condamner le rhéteur Lacritos à payer

(1) C. Midias, p. 563.
(2) C. Androtion, p. 599.
(3) C. Timocrate, p. 721.

une dette contractée par son frère, il le représente comme s'étant mêlé de tout ce qui concernait celui-ci (1), qu'il reproche à Dionysiodore de s'être associé à Cléomène, l'ennemi de la République (2). Dans le discours *sur la Couronne*, il démontre bien qu'il n'est pas comptable, s'il n'a pas manié l'argent public, mais il ne démontre nulle part qu'il n'ait point touché à cet argent. Souvent on affirmait bien plus qu'on ne pouvait prouver, en affectant de restreindre la preuve pour ménager le temps des juges. Eschine prétend que Timarque a acheté toutes les fonctions, mais il n'en veut rappeler que deux ou trois (3). Les Athéniens n'étaient pas difficiles en fait de preuve. Ils permettaient à l'accusateur lui-même de déposer sur sa propre accusation, en se soumettant aux conséquences du rôle qu'il prenait, c'est-à-dire à un procès de faux témoignage, si l'accusé voulait l'intenter. Démosthène usa de cette faculté contre Eschine (4). Les lois avaient bien défendu d'admettre les simples bruits, même dans les plus petites affaires (5), mais les mœurs l'avaient sans doute emporté. Les avocats représentent qu'il est impossible de prouver les crimes, si l'on ne s'en rapporte pas à la rumeur publique, les criminels ayant l'habitude de cacher leurs trames pour échapper à la justice (6) : ils ne craignent même pas de

(1) C. Lacritos, p. 932.

(2) C. Dionysiodore, p. 1285.

(3) C. Tim., 2. 21.

(4) Sur l'Ambassade, p. 896.

(5) Dém., c. Eubulide, p. 1300.

(6) Antiphon, 1re Tétralogie, 1er discours. — Eschine, c. Timarque, 2. 14.

se placer sous l'autorité d'une théorie générale, d'invo=
quer les doctrines religieuses. Eschine rappelle que les
ancêtres ont bâti un temple à la Renommée, que tous
les poètes l'ont considérée comme une déesse : « Ceux
« dont la vie est honteuse, dit-il, ne la vénèrent pas, car
« ils croient avoir en elle une immortelle accusatrice...
« Si je produisais des témoins sur quelque chose, vous
« me croiriez; j'invoque la déposition d'une déesse, et
« vous ne la croiriez pas, elle, qu'il n'est pas permis
« d'accuser de faux témoignage (1)! » On voit sans
peine jusqu'où peuvent aller les avocats, produisant les
témoignages des déesses, écrits et certifiés par eux.
Très-souvent ce sont les juges eux-mêmes que le plaideur prend à témoin; il n'est, pour ainsi dire, pas un
discours où Démosthène, où Eschine, où Isée n'en appellent à leurs souvenirs personnels (2). N'est-ce pas
encore une manière d'invoquer le bruit public, sans
effaroucher la craintive délicatesse de certaines consciences? On avait devant soi un tribunal très-nombreux;
on se dispensait de prouver en disant que la preuve
était inutile, les juges où une grande partie d'entre
eux sachant les faits allégués aussi bien que l'avocat
lui-même. Il n'y avait pas moyen de contrôler ce témoignage occulte et insaisissable, quoique tout-puissant.
On ne pouvait même pas s'assurer que les faits en
question fussent parvenus réellement à la connaissance

(1) C. Timarque, ℥. 26.
(2) V. notamment Démosthène, p. 377, 520, 559, 774, 1010,
1011, 1021, 1198, 1207. — Cf. Esch. c. Timarque; ℥. 11. Andocide,
sur les mystères , ℥. 9.

de quelques juges. Il dépendait de l'avocat de créer une rumeur publique factice (1). Eschine trouve un moyen ingénieux d'exprimer cette idée : il suppose que les juges pourraient se trouver dans une ville ἔκκλητος, c'est-à-dire dans une ville étrangère que les Athéniens auraient faite juge en dernier ressort d'une question déjà résolue chez eux (2), ce qui arrivait dans certains cas. Alors tous ceux qui composent le tribunal où comparaît Timarque serviraient de témoins contre lui : donc ils le doivent condamner (3).

Les Athéniens ne se faisaient pas tout à fait du témoignage la même idée que nous. Il leur fallait ordinairement un grand nombre de témoins : les plaideurs en produisent sur des assertions qui paraissent n'avoir nul besoin d'être prouvées de cette manière ; par exemple Apollodore en fait entendre pour établir qu'il connaît l'état de la fortune de son père, par les écrits et par les paroles de celui-ci (4). Ce n'est pas seulement pour arriver à la découverte de la vérité que les juges demandent cette quantité considérable de dépositions. M. Egger, dans un cours fait à la Sorbonne, il y a quelques années, faisait remarquer avec beaucoup de raison que les témoins servaient souvent à délasser l'auditoire plutôt qu'à l'instruire. Il

(1) V. C. Bœotus II, p. 1024, Mantithée dit aux juges : « Ce que « chacun de vous ignore, qu'il ne le croie pas connu de son « voisin, mais qu'il demande que celui-ci prouve clairement ce « qu'il dit. »

(2) Cette bizarrerie de juridiction est attestée par Pollux, liv. VIII, c. 6.

(3) C. Timarque, §. 16.

(4) C. Timothée, p. 1196.

citait un passage où Lysias dit qu'il va les appeler pour
faire plaisir aux juges et pour se reposer lui-même (1);
il rappelait les dialogues qui s'établissaient quelquefois entre les parties, au milieu du discours de l'une
d'elles (2). On sait que les poètes étaient appelés en
témoignage ; Aristote lui-même reconnaît leur autorité (3) : on ne cherchait pas seulement dans leurs
écrits la preuve que de leur temps une certaine partie
de territoire appartenait à un certain peuple; pour
aggraver, sinon pour confirmer l'accusation qu'on avait
formée, on s'autorisait de ce qu'ils avaient dit sur tel
ou tel sujet, sur tel ou tel grand homme : c'est ainsi
que Démosthène fait lire toute une élégie de Solon
dans le discours *sur l'Ambassade* (4), une inscription
funéraire dans le discours *sur la Couronne* (5), qu'Eschine cite Homère, Euripide (6), Nériode (7). Ces cita-
tions étaient plus propres à flatter le goût des Athéniens
pour les ouvrages d'esprit qu'à contribuer à la démonstration de la vérité.

On tient aux juges un singulier langage sur eux-
mêmes. On ne craint pas de leur rappeler en public
les marques de sympathie qu'on a reçues d'eux en par-

---

(1) C. Eratosthène, §. 61.
(2) Id., ib., §. 25. — Contre les marchands de blé, §. 5.
(3) Aristote, Rhét., l. I, ch. 15, §. 13.
(4) P. 421.
(5) P. 322.
(6) C. Timarque, §§. 28 et 29.
(7) C. Ctésiphon, §. 43. — Lycurgue, dans son discours
contre Léocrate (§. 28), reproduit un hymne entier de
Tyrtée.

ticulier, on se prétend encouragé par eux à poursuivre
son action (1). Mantithée se plaint que son père ait été
forcé de reconnaître Bœotus et leur dit que, celui-ci se
rendant redoutable à tout le monde, ils trouveront que
c'était son père qui avait raison (2). Eschine, voulant
décider les juges à condamner Timarque sans témoignage, leur rappelle ce qu'ils font quand on accuse
quelqu'un de n'être pas citoyen : « Aussitôt, je crois,
« vous vous écriez tous que l'accusé n'a point part à
« la cité. Il ne semble pas, je crois, que vous ayez
« besoin de discours ni de témoignages sur ce que
« chacun sait bien (3). » Dinarque veut expliquer pourquoi des citoyens accusés par l'Aréopage sont souvent
acquittés par le tribunal, qui ne donne même pas à
l'accusateur le cinquième des suffrages : « Le Sénat,
« dit-il, examine les choses que vous ordonnez et les
« injustices qui y sont commises, tandis que vous (ne
« vous irritez pas contre moi), vous avez coutume de
« juger quelquefois en donnant plus à l'indulgence qu'à
« la justice (4). » Il n'est assurément pas un tribunal
aujourd'hui qui laissât un avocat apprécier en ces termes
sa jurisprudence.

Les habidudes des tribunaux athéniens permettaient
aux avocats de hasarder devant eux des assertions ine-
xactes ou fausses. Ils ne s'en faisaient pas scrupule,

(1) Dém., c. Midias, p. 549. — C. Aristogiton, p. 773. —
V. Aristote, liv. I, ch. 12, §. 4.
(2) C. Bœotus I, p. 999.
(3) C. Timarque, §. 15.
(4) C. Démosthène, §. 9.

Démosthène, pas plus que les autres; Ulpien l'accuse
formellement d'arranger à sa guise les histoires qu'il
raconte (1). Il y a entre les deux discours *sur la Couronne* des contradictions telles que l'erreur même ne
suffit pas pour les expliquer, et que l'on est forcé de
constater chez l'un ou chez l'autre des adversaires,
peut-être chez tous les deux, des mensonges oratoires (2) : par exemple, Démosthène affirme qu'il n'a
jamais été poursuivi en justice par Eschine, et Eschine
prétend l'avoir fait condamner plusieurs fois. Démosthène se contredit lui-même, dans ses divers plaidoyers,
de la manière la plus choquante : il est impossible qu'il
ait dit également la vérité, en défendant tour à tour
Phormion contre Apollodore, Apollodore contre Phormion, en faisant l'éloge enthousiaste de Conon (3) et en
le représentant comme le dernier des hommes (4).

Le faux témoignage était très-commun chez les Athéniens. Après avoir imaginé des faits pour appuyer leurs
prétentions, les plaideurs créaient des preuves pour appuyer les faits. La religion du serment était audacieu-
sement violée. Cicéron rapporte plus tard (5) qu'on
disait proverbialement chez les Grecs : « Prête-moi ton
« témoignage. » Les mœurs avaient fini par tolérer en
quelque sorte cette aggravation sacrilége du mensonge.
« Ce n'est pas la même chose, ô Athéniens! » dit un

(1) Il s'agit de l'histoire de Glaucète, c. Timocrate, p. 740.
(2) Dém , p. 251 et Esch., §§. 23 et 30 in fin. — Dém., p. 311,
Esch., §§. 80 et 81.
(3) C. Leptine, p. 477-479.
(4) V. tout le plaidoyer contre Conon.
(5) Pro Flacco , 4.

des clients de Démosthène (1), « d'attester un mensonge
« en votre présence ou devant l'arbitre ; devant vous, en
« effet, une grande colère et vengeance menace les
« faux témoins, mais devant l'arbitre on peut, sans
« danger et sans honte, attester ce que l'on ne veut. »
Aussi ne rougissait-on pas d'avouer même en justice
qu'on avait favorisé un faux témoignage : Callistrate,
plaidant contre son cohéritier Olympiodore, qui se plaint
d'avoir été trahi par lui, répond d'abord qu'il a pris
part à une fraude pour obtenir la remise d'un procès
intenté contre l'un et l'autre, Olympiodore ayant fait
croire aux juges qu'il était absent pour le service public.
Puis il s'exprime ainsi : « Crois-tu que je t'aurais
« laissé, Olympiodore, dans le dernier procès sur l'hé-
« rédité, ou dire ainsi à ton gré ce que tu as dit aux
« juges, ou produire ainsi des témoins pour les objets
« sur lesquels tu en as produit, si je n'avais pas com-
« battu en commun avec toi? » Après avoir rapporté les
assertions d'Olympiodore, Callistrate ajoute : « Non-seu-
« lement il a dit ces choses, mais encore il a fourni des
« témoins là-dessus, et moi, je ne l'ai contredit en rien,
« et il n'est pas un homme qui m'ait entendu, quand
« celui-ci plaidait, dire un seul mot; mais je convenais
« de la vérité de tout ce qu'il voulait dire; car je com-
« battais en commun avec toi, comme il nous semblait,
« à toi et à moi (2). » On comprend qu'après la lecture
d'un tel passage, l'honnête Wolf s'indigne « de l'impu-
« dence d'un homme qui n'a pas honte d'avouer sa

_____

(1) C. Phormion, p. 913.
(2) C. Olympiodore, p. 1179.

« propre perversité et de la corruption des juges, s'ils
« n'ont pas puni un tel crime. » Il semble que l'indulgence des mœurs ait exercé sur la loi une certaine influence, car il fallait avoir subi jusqu'à trois condamnations comme faux témoin pour encourir l'infamie (1).

Les avocats athéniens se préoccupaient beaucoup
moins de dire la vérité que d'arriver à rendre leur prétention vraisemblable pour la faire admettre par les
juges. Aussi tous leurs discours paraissent-ils presque
irréfutables. Si l'on accepte comme vrais tous les faits
allégués par Démosthène, comme sincères et concluantes
toutes les preuves qu'il en apporte, il est impossible de
comprendre comment ceux qu'il avait pour adversaires
pouvaient soutenir des causes tout-à-fait désespérées,
comment les juges lui donnaient quelquefois tort. Il est
facile d'être irréfutable quand on ne tient pas compte de
la vérité. Démosthène et les autres orateurs attiques, en
voulant rendre leur argumentation inébranlable aux yeux
des juges, se sont convaincus d'imposture aux yeux de
la postérité. Fénelon, qui place Démosthène dans un
monde où, ne pouvant plus faire illusion aux autres, l'on
n'a plus de raison pour se tromper soi-même, lui prête
un aveu édifiant de sa faute : « Combien nos passions
« et nos intérêts nous ont fait offenser la vérité et la
« justice ! Le véritable usage de l'éloquence est de
« mettre la vérité en son jour, et de persuader aux
« autres ce qui leur est véritablement utile, c'est-à-dire
« la justice et les autres vertus; c'est l'usage qu'en a

(1) Andocide, des Mystères. § 13.

« fait Platon, que nous n'avons imité ni l'un ni
« l'autre (1). »

Rien ne favorissait plus cet emploi du mensonge que
l'institution des logographes. La vérité nuisait à une
partie, ou ne lui suffisait pas; le logographe, dont le nom
devait rester caché, ne se faisait nul scrupule de l'altérer,
prêt à servir son client et sûr de ne pas se compromettre. C'était le client qui prononçait l'imposture et
qui en assumait sur lui-même la responsabilité. On ne
peut attendre la même sincérité d'un plaideur qui ne
songe qu'à gagner son procès, dont les égarements ou
la misère excusent quelquefois les fautes, et d'un
homme dont la profession est de porter la parole au nom
d'autrui, qui doit se tenir au-dessus des passions de
ceux dont il soutient la cause, qui a besoin de dire toujours la vérité pour inspirer toujours la confiance, qui a
un nom à garder ou bien à acquérir, qui peut-être prend
part aux affaires publiques, et dont l'intérêt est de faire
honorer un noble caractère en faisant admirer un beau
talent.

Mais la faute n'en était pas seulement au singulier
régime du barreau athénien. Démosthène, Eschine, ont
porté la parole pour eux-mêmes, dans de solennels dé-
bats où l'attention de la Grèce tout entière était fixée
sur eux, et l'on relève dans leurs discours des contradictions qui font soupçonner des mensonges. A Rome,
il y avait des avocats et non des logographes. M. Egger
rappelle (2) qu'on voit Cicéron « maltraiter dans plu-

(1) *Dialogues des Morts*, 33, Cicéron et Démosthène.
(2) Ib., p. 15.

« sìeurs de ses écrits ce Cornélius Sulla qu'il a défendu
« dans un chaleureux plaidoyer, ou bien devenir le dé-
« fenseur de ce Vatinius dont il avait été l'éloquent et
« cruel adversaire. » Quintilien, qui donne des leçons
de vertu à ses élèves, leur apprend aussi l'art de dé-
guiser la vérité et de rendre le mensonge vraisemblable (1).

Faut-il donc le reconnaître? Est-ce la morale de l'antiquité qui s'est trouvée en défaut? Les modernes, éclairés par le christianisme, n'ont-ils pas attaché plus d'importance à la vérité? N'ont-ils pas en particulier mieux
compris et mieux rempli les devoirs qu'impose la noble
profession d'avocat, plus constamment évité les dange-
reuses tentations auxquelles elle peut exposer?

Après le fait vient le droit. L'avocat n'a pas à créer
l'un plus que l'autre : il trouve l'un dans les circonstances de la cause dont il se charge, l'autre dans la loi
qu'il invoque. Si les faits étaient toujours clairs et prou-
vés, si la loi était toujours précise, on ne soulèverait
pas de procès, ou la tâche des avocats se bornerait à
exposer ce qui s'est passé; à lire ce qu'il a plu au législateur d'ordonner. Les procès ou du moins les difficultés
qui s'y rencontrent naissent, soit du défaut de preuve à
l'appui des assertions des parties, soit de l'obscurité ou
du silence de la loi. J'ai dit comment Démosthène, à
l'exemple de ses maîtres et de ses contemporains, sup-
pléait à l'insuffisance des faits et des preuves. Les avocats doivent posséder l'art de découvrir dans le droit des
moyens d'attaque ou défense qui ne s'offrent pas au

(1) Liv. i, ch. 17; liv. iv, ch. 2; liv. xii, ch. 1.

premier abord. On sait comment ceux de notre temps arrivent à éclaircir et à compléter les lois par des rapprochements ingénieux et profonds, en étudiant les dispositions des législations précédentes, les travaux préparatoires de nos Codes, en s'aidant des interprétations données soit doctrinalement, soit par voie d'autorité : travail long et pénible qui commence par des recherches où la patience et la sagacité sont également nécessaires, et qui se termine par des raisonnements, où la déduction a besoin de toute sa rigueur, où l'induction déploie toutes ses ressources. Ce sont les jurisconsultes romains qui nous ont fait connaître et l'importance et les secrets de cet art difficile. On peut affirmer qu'il était inconnu à Démosthène comme à tous les avocats attiques.

Démosthène ne traite pas le droit autrement que les faits. Quand il invoque une loi, il la fait lire en entier, résume brièvement les dispositions qu'elle contient et en fait l'application à sa cause. Comme il recherche les motifs de la conduite des hommes, lorsqu'il raconte et discute les circonstances, il expose les motifs qu'a dû avoir le législateur pour en tirer argument (1). On voit les avocats, selon les besoins de leurs causes, mettre en avant les motifs les plus différents. Démosthène, rapportant une loi qui défend de maltraiter même les esclaves, en fait honneur à l'humanité des Athéniens (2) : suivant Eschine, le législateur n'a pas pensé aux esclaves eux-

(1) Voir toutes les lois citées dans les discours contre Aristocrate et contre Timocrate.
(2) C. Midias, p. 530.

mêmes, mais il a craint que si l'on prenait l'habitude
de les maltraiter, on ne sût pas se contenir quand on
aurait affaire aux citoyens (1).

Eschine use du même moyen que Démosthène dans son
discours contre Timarque, lorsque avant de lire les lois
établies sur les mœurs des enfants, il dit : « Le scribe
« vous lira donc ces lois, afin que vous voyiez que le légis-
« lateur a pensé que l'enfant, bien élevé, devenu homme,
« serait utile à la ville ; lorsque la nature humaine a pris
« dans l'éducation un mauvais commencement, il a
« pensé que des enfants mal élevés produiraient des
« citoyens semblables à ce Timarque (2). » Mais il attribue quelquefois, lui aussi, au législateur, des motifs
plus spécieux que plausibles ; il pense que si les pères
n'ont pas d'action contre leurs enfants pour se faire
nourrir par eux, c'est qu'ils sont supposés, dans le cas
où ils auraient besoin de cette action, leur avoir donné
une éducation vicieuse, leur avoir laissé contracter de
mauvaises mœurs et par conséquent leur avoir enlevé
le droit le plus précieux de tous, celui de parler en
public (3).

On sait de quelle importance est la manière de présenter les faits : de même Démosthène dispose habilement cette espèce de narration juridique ; tantôt il sépare
les diverses parties d'une seule loi comme pour acca-
bler son adversaire sous un plus grand nombre d'au-

(1) C. Timarque. § 4.
(2 C. Timarque. § 3. — cf. § 7.
(3) Ib. § 4.

torités (1); tantôt au contraire il réunit plusieurs lois pour frapper un coup plus redoutable (2). Le procédé est d'autant plus sûr que les juges ne connaissent pas le droit mieux que le fait, que leur ignorance permet de surprendre leur religion, que l'avocat peut espérer, non-seulement de produire sur eux une certaine impression, mais de leur faire prendre la disposition qu'il donne aux lois pour l'œuvre du législateur même. Se permettait-on enfin d'altérer le droit comme le fait? La peine de mort était portée contre tout citoyen qui s'autorisait d'une loi fausse (3); mais il est probable qu'on l'appliquait peu, parce qu'on en avait souvent l'occasion. La hardiesse du faussaire allait loin, s'il faut en croire Andocide : dans l'Aréopage, son accusateur avait, dit-il, prétendu qu'une loi portait la peine de mort, quand elle ne prononçait qu'une amende de mille drachmes (4). Démosthène accuse Eschine « d'altérer les « lois, d'en retrancher une partie, quand il serait juste « de les lire en entier, devant ces hommes qui ont juré « de voter selon les lois (5). » Lui-même n'a pas échappé au reproche qu'il faisait à son ennemi : pour se dispenser de diriger une action en règle contre Androtion, tout en lui imputant de mauvaises mœurs, il dit que ce crime est puni seulement par l'exclusion de la tribune; or le législateur, à ce que rapporte Ulpien, avait en outre condamné à l'exil ceux qui en seraient

(1) C. Aristocrate, p. 631.
(2) C. Timocrate, p. 706.
(3) C. Aristogiton II, p. 807 in-f.
(4) Sur les Mystères, 2. 19.
(5) Sur la Couronne, p. 263.

reconnus coupables (1). Démosthène, n'ayant pas de preuve, voulait se réserver la faculté de glisser des insinuations malveillantes, où il aurait facilement l'avantage, sans être forcé d'intenter une accusation, où il serait exposé à succomber.

Quant à la discussion de droit, telle qu'on l'entend aujourd'hui, peut-on dire qu'il y en ait chez Démosthène? Qu'on cherche dans le discours *sur la Couronne* ce qu'il répond à Eschine pour démontrer qu'il peut être couronné sur le théâtre; il développe magnifiquement cette pensée que la désignation du lieu de la proclamation, indifférente pour celui qui est couronné, est plus ou moins avantageuse pour ceux qui le couronnent (2): raisonnement d'orateur, non de jurisconsulte. Plus loin il prétend invoquer l'autorité de la chose jugée quand ni l'accusation ni les parties ne sont les mêmes que dans l'affaire où les juges ont déjà prononcé en sa faveur (3).

Il est facile de voir, d'après les aveux explicites de Démosthène lui-même, qu'il attache peu d'importance au droit : « Il ne faut pas, ô Athéniens, que vous ju- « giez dans le même esprit les procès privés et les procès « publics, mais vous devez pour les contrats de la vie « quotidienne examiner les lois et les actions privées, « pour les affaires publiques, considérer les titres de « gloire de vos ancêtres (4). » Voilà une belle pensée

(1) C. Androtion, p. 602 in-f.
(2) Sur la Couronne, p. 267.
(3) Ib., p. 303.
(4) Sur la Couronne, p. 298.

qui exclut le droit des tribunaux dans les procès publics. Dans le discours contre Leptine, comme dans le discours *sur la Couronne*, le droit occupe la place de rebut, il est au milieu du plaidoyer. Il n'est pas toujours mieux traité dans les causes privées. Les lois sur la compétence garantissent le maintien de l'organisation judiciaire et touchent à l'ordre public. Démosthène en parle avec un dédain superbe : « Si quelqu'un, au lieu
« de dire qu'il n'est pas malfaiteur, ou impie, ou quelle
« que soit l'accusation sur laquelle il est jugé, pensait
« échapper, en alléguant, lorsqu'il est traduit devant
« les Onze, qu'il pouvait plaider et qu'on devait le pour-
« suivre devant l'arbitre ; quand il est accusé devant
« l'arbitre, que vous deviez le traduire devant les Onze,
« pour vous exposer à une amende de mille drachmes,
« cela serait ridicule assurément. Car celui qui n'a rien
« fait doit non pas se défendre sur la manière dont il
« faut donner l'action, mais démontrer qu'il n'a rien
« fait (1). » Il ne semble point faire plus de cas des exceptions, quand c'est lui-même qui les invoque. Il ne se borne jamais à les exposer ; il plaide toujours l'affaire au fond (2). Il ne s'en cache pas ; il prévient les juges qu'il a peu de chose à dire sur l'exception (3) ; il s'excuse d'en présenter une, proteste qu'il n'a pas l'intention de faire traîner l'affaire en longueur, que son

(1) C. Androtion, p. 601 in f. — Cf. Antiphon, sur le Meurtre d'Hérode. § 2.
(2) Voir tous ceux de ses plaidoyers qui sont réunis sous le titre d'*Exceptions*.
(3) C. Phormion, p. 907.

5

désir est de la voir enfin tranchée par la sentence souveraine du tribunal (1). Apollodore reproche vivement à Phormion d'avoir employé ce moyen pour usurper le premier tour de parole (2). Lui-même, condamné sur l'exception, attaque le témoin Stéphanos qui avait déposé sur le fond de l'affaire et justifie sa poursuite en ces termes : « Pour moi, ô Athéniens, je crois que vous « savez tous que vous avez coutume de faire non moins « d'attention aux faits qu'aux exceptions; ceux qui ont « attesté des mensonges contre moi sur les faits ont « affaibli les discours que j'ai tenus sur l'exception (3). » C'est à Stéphanos qu'il impute sa condamnation.

L'état du droit chez les Athéniens explique cet étrange abandon où restaient les questions juridiques, même dans les procès privés.

Les Athéniens avaient des lois très-nombreuses; ils y avaient réglé l'état des personnes, les successions, la constitution civile de la société en un mot. Leur attention s'était portée singulièrement sur le commerce maritime et sur ce qu'on appelle aujourd'hui les moyens et les institutions de crédit, le contrat de prêt, celui de gage, la banque. Les contestations étaient jugées par des tribunaux dont le nombre était considérable et les attributions diverses; la procédure était compliquée et rigoureuse. Les Athéniens étaient fiers des emprunts qu'on leur avait faits (4). Il fallait que leur législation eût une

(1) Pour Phormion, p. 945. — C. Pantænète, p. 966.
(2) C. Stéphanos I, p. 403.
(3) Ib., p. 1117. — Cf. Sur ce point Antiphon, sur le Meurtre d'Hérode, § 1.
(4) Isocrate, Panégyrique, § 4.

certaine réputation, du moins avant le siècle de Cicéron (1), pour que les Romains fissent remonter jusqu'à Solon l'origine de leurs Douze-Tables. On conteste aujourd'hui le récit des historiens sur la mission donnée par les décemvirs, mais, pour peu qu'on ait étudié les lois romaines, universellement et justement vantées, on est frappé de l'analogie qu'elles présentent sur certains points avec les lois athéniennes ; il n'est même pas rare de retrouver chez les Grecs certaines institutions, certains usages qui semblent exclusivement propres au droit romain.

Cependant on peut affirmer que la science du droit n'existait pas chez les Athéniens. L'orgueil patriotique même ne leur avait pas fait approfondir ces lois que la plupart d'entre eux admiraient sans les connaître. Il faut se rappeler devant qui on plaidait : « C'est toujours, « dit M. Egger (2), le citoyen qui s'adresse aux citoyens « inexpérimentés comme lui-même dans l'étude de la « loi. » Le sort qui désignait les juges n'en faisait pas des jurisconsultes consommés, et ni la promptitude de l'esprit, ni la rectitude du sens ne remplacent les connaissances acquises et le laborieux exercice nécessaire pour les acquérir. Eschine parle aux juges de la loi sur la violence, l'une de celles qui devaient sans doute être le mieux connues de tous : « Peut-être, dit-il, quelqu'un « de vous, l'ayant entendue subitement, s'étonnera-t-

____

(1) Cic., de Orat. 1, 44. Il dit qu'il n'est pas de droit civil, excepté celui des Romains, qui ne soit *inconditum ac pœne ridiculum*.

(2) Dans les leçons dont j'ai parlé plus haut.

« il, etc. (1). » Les juges arrivaient à l'audience, ne connaissant pas plus le droit que le fait; ils apprenaient l'un des témoins, l'autre du greffier. Encore Eschine se plaint-il qu'ils n'écoutent pas la lecture des lois et des décrets, même dans les procès d'illégalité, c'est-à-dire dans ceux qui touchent de plus près à l'intérêt de la ville et qui piquent plus vivement la curiosité (2). Eussent-ils d'ailleurs prêté la plus religieuse attention aux développements juridiques de l'avocat, ils eussent été incapables de les suivre et de les comprendre, n'étant point préparés par la ferme et complète connaissance des principes à la rigueur et à la subtilité des déductions.

Les avocats devaient négliger une science qui leur aurait été inutile, sinon nuisible. Aristote (3) dit en passant qu'il faut connaître le droit pour être en état de définir le vol, l'outrage, l'adultère, les accusations étant plus ou moins graves, selon que c'est telle ou telle définition qui convient à un crime. Bien des années après Aristote et Démosthène, Cicéron crut avoir besoin de prouver longuement la nécessité de l'étude du droit (4), et cela chez les Romains. L'opinion contraire avait sans doute gardé des partisans nombreux, puisqu'il osait la mettre dans la bouche d'Antoine. Peut-être se rattachait-elle, dans l'esprit des anciens, à cette funeste théorie qui permettait à l'orateur de combattre la vérité. C'est

---

(1) C. Timarque, § 4.
(2) C. Ctésiphon, § 13.
(3) Rhét., liv. I, ch. 18. § 9.
(4) Voir tout le premier livre du traité *De Oratore*.

ce que semble indiquer Cicéron, car c'est dans son ouvrage ce même Antoine qui déclare que l'éloquence est
souvent appuyée sur le mensonge (1).

A Rome, il y avait et des avocats et des jurisconsultes. On sait de quels égards, de quelle vénération
même étaient entourés ceux-ci. Les Athéniens avaient
bien aussi des hommes qui faisaient profession d'étudier
les lois et de donner des consultations aux parties; mais
ils étaient du dernier rang et se contentaient d'un
misérable salaire, c'est Cicéron qui l'atteste (2). Ils se
nommaient πραγματικοί s'il faut en croire celui-ci, ἐξηγηταί
selon Démosthène (3). Il est bien rarement question
d'eux chez les écrivains d'Athènes. On faisait aussi peu
de cas de leur science que de leurs personnes. Démosthène rapporte une consultation donnée par eux : « Les
« exégètes, dit un plaideur, après avoir entendu mes
« paroles, me demandèrent si je voulais qu'ils m'expo-
« sassent seulement le droit, ou bien qu'ils me con-
« seillassent en outre. » Les conseils coûtaient évidemment plus cher; le plaideur était sans doute à son aise;
il répond qu'il veut l'un et l'autre. Alors les exégètes
commencent par lui indiquer certaines cérémonies à
remplir; c'est l'exposition du droit; puis ils lui conseillent de se tenir tranquille et de ne pas agir, parce
qu'il n'a pas qualité : « Purifie ta maison et toi-même, »
lui disent-ils, « et supporte ton malheur le mieux pos-

(1) Ib., liv. II, 7.

(2) « Infimi homines, mercedula adducti, » dit Cicéron. (Ib. liv. I,
45).

(3) Ou selon l'auteur, quel qu'il soit, du plaidoyer contre Evergos
et Mnésibule, p. 1160.

« sible, ou, si tu veux prendre quelque autre moyen,
« venge-toi. » Ce *quelque autre moyen*, quand on n'en
a indiqué aucun, est au moins singulier. Une pareille
consultation donne une triste idée des hommes qui se
chargeaient et qu'on croyait capables d'enseigner à autrui les prescriptions du législateur.

J'ai parlé d'arguments que l'avocat trouve en dehors
de lui-même, mais que la cause ne lui fournit point.
Les exemples sont du nombre. Nos sévères tribunaux
n'admettent, surtout dans les procès civils, que des *espèces*, dont les circonstances essentielles se représentent
dans l'affaire qui leur est soumise : c'est un argument
de droit que l'avocat en doit tirer. Chez les Athéniens,
c'est une impression morale qu'il cherche à produire sur
l'esprit des juges ; il lui suffit d'une lointaine analogie.
En général, il semble qu'il préfère parmi les exemples ceux
qui sont connus des juges; on ne les voit jamais entourés
de serments et de témoignages; ils sont pris souvent dans
l'histoire ou empruntés aux événements politiques, même
quand c'est à propos d'une cause privée que le plaideur
les rappelle : les juges doivent croire à la sincérité de
l'avocat et à la bonté de sa cause, quand il se sert d'arguments qui leur sont familiers. Il est assez probable
que les exemples donnaient en outre matière à de courtes
narrations que l'on cherchait à rendre piquantes ou
émouvantes; ils devaient être secrètement destinés,
comme l'étaient quelquefois les témoignages, à délasser
l'esprit fatigué des juges (1).

(1) Sur les exemples et sur la manière de les réfuter, par la
négation, ou par les différences de fait, ou par la qualité, ou par
la conséquence, etc., v. Apsines, Rhét. sur l'Exorde, ch. 9,

Les exemples proposés par Démosthène tendent plus ou moins directement à la démonstration de sa cause. Tantôt il fait voir aux juges le sort qui attend la République, s'ils ne déploient pas une juste sévérité, en leur montrant ce qu'il en est advenu de peuples étrangers qui ont laissé les traîtres impunis (1), ce que leurs propres aïeux ont gagné à veiller, ont perdu à fermer les yeux sur l'état de la marine et sur la manière dont ceux qui s'y trouvaient préposés remplissaient leurs devoirs (2). Tantôt il s'autorise de condamnations antérieurement prononcées pour des délits analogues, en s'attachant toujours à prouver soit que la faute de son adversaire est plus grave que celles dont il parle, soit que sa personne mérite moins d'indulgence que celle des autres condamnés, soit que la peine portée contre ceux-ci a été de la dernière sévérité. C'est ainsi que, dans son plaidoyer contre Midias, il rappelle la condamnation subie par Alcibiade, tout éclatant de gloire, pour une faute qui, dit-il, n'avait rien de comparable à celle de Midias (3), la peine de mort prononcée contre plusieurs citoyens, qui cependant n'avaient point profané les fêtes publiques par un soufflet donné à une personne revêtue d'un caractère sacré (4). Apollodore, plaidant pour être couronné comme Triérarque, invoque des précédents d'après lesquels ses adversaires, loin de pouvoir prétendre à la couronne pour leur zèle, devraient être punis du dernier supplice pour leur négli-

---

(1) Sur l'Ambassade, p. 424.
(2) C. Androtion, p. 597.
(3) C. Midias, p. 561.
(4) Ibid., p. 571.

gence (1). D'autres fois, Démosthène se borne à des com-
paraisons qui font paraître sa conduite plus honorable
ou celle de ses adversaires plus criminelle : il rend hommage à sa propre modération, en rapportant des meur-
tres commis pour venger des soufflets (2). Il raconte
l'histoire d'un comédien cher à Philippe, qui a profité de
sa faveur pour obtenir la délivrance d'un prisonnier, et
il oppose cette générosité à l'infamie d'Eschine, se plon-
geant chez Philippe même dans une honteuse ivresse et
maltraitant une jeune captive olynthienne (3).

Il est des idées et des arguments qui se retrouvent
dans la plupart des plaidoyers de Démosthène et qui
ont ce caractère commun de pouvoir s'adapter à un
grand nombre de causes. Il serait trop présomptueux
de dire que c'est uniquement dans sa propre intelligence
que l'avocat les puise. C'est à force de les employer dans
certaines affaires où ils s'offrent comme d'eux-mêmes
qu'on finit par s'apercevoir de l'effet qu'ils produisent sur
les juges ; c'est en observant la manière dont ils se rattachent à certains procès, que l'on découvre le moyen
de les rattacher à presque tous les autres. Ainsi la rhétorique, se formant par la comparaison et par la généralisation, prépare, pour l'avocat, une certaine quantité
d'arguments, parmi lesquels il n'a qu'à choisir ceux qui
conviennent le plus naturellement à son sujet ; il lui
suffit ensuite de trouver dans le procès l'occasion d'en
faire usage.

(1) De la Couronne des Triérarques, p. 1230.
(2) C. Midias, p. 537 et 538.
(3) Sur l'Ambassade, p. 401.

Ce sont tantôt des idées, tantôt des moyens qui sont ainsi placés à la disposition de l'avocat, c'est-à-dire que tantôt il n'a qu'à développer une idée étrangère par elle-même à la cause, tantôt il doit chercher à tirer des faits qui existent dans la cause même un certain argument. L'art de l'avocat lui fournit le fond de ses développements ou lui indique la forme qu'ils doivent affecter et le sens qu'il y faut mettre.

Parmi les idées les plus familières à Démosthène et en général aux orateurs attiques, vient en première ligne l'éloge d'Athènes. Dans le reste de la Grèce on se moquait de l'empressement que les orateurs mettaient à le faire et du plaisir que les Athéniens trouvaient à l'écouter. Athènes n'offrait rien qui n'excitât tour à tour l'admiration de ceux qui parlaient devant ses citoyens. On leur vantait leur caractère. Démosthène revient sans cesse sur leur humanité (1), sur leur grandeur d'âme, sur leur fidélité à leurs amis (2). La forme démocratique de leur gouvernement était représentée comme la plus parfaite, comme la seule qui fût digne d'hommes libres et qui permît à la loi d'exercer sans contestation son souverain empire (3). On réveillait les grands souvenirs de leur histoire, on leur citait à tout propos la vertu et le courage de leurs aïeux, on glorifiait l'œuvre et le nom de Solon, Démosthène tout le premier (4), quoiqu'il se plaignît quelquefois de l'abus

---

(1) C. Androtion, p. 613. — Cf. c. Aristogiton, p. 797.
(2) Sur la Couronne, p. 157.
(3) C. Aristocrate, p. 657.
(4) Voir surtout les plaidoyers publics. C'étaient ceux où de semblables développements devaient revenir le plus naturellement.

qu'on faisait de ce thème. Il disait à ses concitoyens
qu'ils étaient les premiers des Grecs, pour leur rappeler
qu'ils avaient certains devoirs envers leurs subordonnés,
ceux qu'impose le premier rang.

Il est permis de voir dans ce continuel et magnifique
éloge autre chose qu'un lieu-commun oratoire. Si les
Athéniens, sur la place publique ou dans les tribunaux,
aimaient à entendre louer leurs ancêtres et leur patrie,
un orateur tel que Démosthène, qui avait et la même
patrie et les mêmes ancêtres, devait aimer à célébrer
leur gloire dans son admirable langage. Il ne chatouillait
pas seulement l'orgueilleuse faiblesse des juges pour
gagner leurs suffrages ; fier d'Athènes comme ceux devant lesquels il parlait, c'était ce qu'il pensait qu'il
avait à cœur d'exprimer. J'ai dit que Démosthène ne se
faisait pas scrupule de modifier, suivant l'intérêt de sa
cause, la réalité des faits : sa sincérité n'est plus suspecte
lorsqu'il parle d'Athènes. Il est alors sous l'empire du
plus fort sentiment, de la plus vive passion qui ait
animé les anciens, l'amour de la patrie. La patrie resserrée dans d'étroites limites, protégée par des lois sévères contre l'invasion des étrangers et contre la confusion
des races, présidant et comme participant à tous les
actes de la vie des citoyens, dominait leurs pensées et
remplissait leurs cœurs. C'était, pour ainsi dire, la seule
divinité en laquelle on eût foi et pour laquelle on fût
prêt à se dévouer. Car si le culte des dieux était res-
pecté, c'était comme la plus auguste et la plus ancienne des
institutions qu'elle s'était données. La vie et la mort de
Démosthène prouvent qu'il s'était consacré tout entier au
service d'Athènes, et quand on rencontre dans ses discours les louanges de la ville où il était né, qu'il a dé-

fendue jusqu'au dernier soupir, il faut bien y reconnaître un sincère hommage rendu par l'amour d'un citoyen à la grandeur de sa patrie.

Les moyens dont j'ai parlé plus haut sont nombreux. Il y en a qui se rapportent à la manière dont se présente la cause, à la discussion des faits ou des droits litigieux. Dans tout le discours *sur la Couronne*, Démosthène reproche à Eschine de n'avoir pas formé d'accusation au moment même où les actes incriminés avaient eu lieu. Lui-même eut quelquefois à défendre ses clients et à se défendre contre cet argument (1). Quand on a un droit à faire valoir, il semble qu'on doive se hâter de s'adresser aux tribunaux. Les avocats tirent facilement une présomption de fraude d'un long délai écoulé entre les faits allégués et la réclamation formée devant les juges.

Chez les Grecs, les hommes libres étaient simplement interrogés comme témoins, les esclaves étaient mis à la question sur l'offre de leur maître ou sur la demande de son adversaire. Le maître avait-il refusé cette demande? Il donnait un argument contre lui. Son offre avait-elle été repoussée? Il avait un moyen en sa faveur. L'adversaire alors cherchait à prouver de son côté que l'offre avait été tardive ou irrégulière. Si c'était le maître qui ne voulait pas laisser déposer son esclave, il répondait à la demande que l'homme qui s'y trouvait désigné était depuis longtemps affranchi. Je n'énumère pas tous les arguments que fournissait la féconde théorie de la

(1) C. Macartatos, p. 1073. — C. Léocharès, p. 1087. — C. Midias, p. 560. — V. Eschine, sur l'Ambassade, 2. 27.

question (1). Ce qu'il y a de triste, c'est que les orateurs les employaient avec une parfaite sérénité d'âme, sans se troubler le moins du monde de l'inhumanité d'un tel mode de preuve et sans s'inquiéter du peu de certitude qu'il offrait. Si l'un d'eux (2) s'exprime ainsi : « Je « crois que vous savez tous que les esclaves mis à la « question cherchent à dire ce qui doit plaire à ceux « de qui la question dépend pour la plus grande partie, » c'est qu'il a pour le moment besoin de révoquer en doute la sincérité d'un témoignage rendu contre son client. Dans un autre discours (3), il reproche à son adversaire de ne pas livrer ses esclaves. Démosthène n'hésite pas à dire qu'il n'y a pas de preuve plus certaine que la question et les témoins (4).

D'autres moyens sont en dehors de la discussion proprement dite de la cause, bien que tirés des faits qui s'y présentent. L'avocat cherche à démontrer aux juges qu'il faut lui donner raison dans l'intérêt bien entendu de la République. Tantôt sa cause se confond avec celle de la ville elle-même : dans le discours *sur la Couronne*, Démosthène rappelle constamment que sa politique est celle d'Athènes, qu'il faut absoudre ou condamner la ville tout entière avec lui; contre Midias, il fait valoir

---

(1) C. Onétor I, p. 874. — C. Aphobe III, pp. 848 et 855. — C. Pantænète, p. 974. — C. Evergos, p. 1141. — C. Timothée, p. 1200. — C. Nicostrate, p. 1253. — C. Conon, p. 1265, etc. -- Cf. Esch. sur l'Ambassade, §. 40, Antiphon, P. Philoneos et 1re tétralogie, 3e discours.

(2) Antiphon, sur le meurtre d'Hérode, §. 6.

(3) Discours pour Philoneos.

(4) C. Aphobe III, p. 855.

qu'il n'est pas un Athénien qui n'ait été outragé dans sa personne, et qui ne puisse être dans la suite outragé comme lui; tantôt il invoque l'intérêt d'une classe de citoyens, des commerçants (1), des petits propriétaires (2), des personnes soumises aux charges publiques (3). Presque toujours il examine lequel, de son adversaire ou de lui, a rendu le plus de services à la ville; il est inutile d'ajouter qu'il ne trouve jamais que ce soit son adversaire, et il arrive à faire voir aux juges que la République aura un grand avantage à ce que la fortune contestée vienne dans ses mains ou dans celles de son client (4). Il ne lui suffit même pas de convaincre ou du moins d'accuser son adversaire de négligence, et il lui impute souvent quelque grave délit, des relations nouées avec les ennemis d'Athènes (5), du blé importé sur des marchés étrangers (6), des plants d'olivier coupés (7), au mépris des lois qui assuraient l'approvisionnement de la place ou qui protégeaient l'arbre sacré. En tout cas, il reste la ressource d'épouvanter les juges en leur montrant les conséquences d'une condamnation injuste ou d'un acquittement scandaleux, l'innocence privée de toute garantie, ou l'autorité des lois méconnue

---

(1) C. Phormion, p. 922.

(2) C. Calliclès, p. 1281.

(3) C. Polyclès, p. 1226.

(4) C. Midias, p. 564. — C. Phænippe, p. 1045. — C. Callippe, p. 1243. — C. Nausimaque, p. 993, etc.

(5) C. Bœotus II, p. 1019.

(6) C. Phormion, p. 917. — C. Lacritos, p. 942. — C. Dionysiodore, p. 1297.

(7) C. Macartatos, p. 1073.

et l'impunité promise aux plus détestables for-
faits (1).

On va plus loin encore; j'ai déjà dit que le plaideur
ne se faisait pas faute de rappeler aux juges quelles marques de sympathie, quels encouragements ceux-ci leur
avaient donnés. Pour être bien sûr de leur suffrage, il
tâche de leur persuader qu'ils sont eux-mêmes personnellement intéressés à son triomphe. Ils peuvent être
outragés comme Démosthène, car chacun d'eux a des
ennemis : donc ils doivent condamner Midias (2). La
cause d'Apollodore contre Phormion est celle de tous les
maîtres contre leurs esclaves; comment les juges, qui
sont au nombre des premiers, laisseraient-ils échapper
le faux témoin produit par Phormion (3)? Ils seraient
privés des droits attachés par le législateur à la parenté,
s'ils permettaient aux enfants adoptifs de disposer à leur
gré des successions (4). Quelquefois, c'est leur amour-
propre que l'on cherche à piquer : ainsi Démosthène leur
représente que la loi de Timocrate abroge l'autorité de
leurs décisions (5). Enfin, s'ils prononcent en dernier
ressort sur les intérêts et sur les droits des citoyens, leur
sentence souveraine elle-même est subordonnée au tout-
puissant contrôle de l'opinion publique; il n'est pas de
procès important où l'avocat, en leur montrant autour
d'eux un nombreux auditoire, en leur rappelant leurs

(1) C. Néæra, p. 1383.
(2) C. Midias, p. 585.
(3) C. Stéphanos 1, p. 1227.
(4) C. Léocharès, p. 1099.
(5) C. Timocrate, p. 725.

femmes, leurs enfants restés dans leurs maisons, ne leur demande comment ils soutiendront les regards de leurs concitoyens, ce qu'ils répondront aux questions de leur famille, s'ils trahissent leur conscience en votant pour son adversaire (1).

Le fréquent emploi de ces divers moyens montre une fois de plus de quelle manière la justice se rendait chez les Athéniens. On était convaincu qu'il valait mieux avoir pour soi la sympathie des tribunaux que le bon droit, et qu'on devait s'efforcer de les rendre favorables à sa prétention plutôt que de la justifier. On n'imaginait pas qu'une telle conviction eût de quoi blesser la dignité des juges ; elle paraissait si naturelle et elle était si généralement admise qu'on ne prenait même pas le soin de la dissimuler devant eux.

Il me reste à parler d'une dernière classe d'idées qui tient une grande place dans les œuvres de Démosthène, distincte par l'origine comme par la forme des autres moyens ou sujets de développement qui entrent dans la composition d'un discours : ce sont les idées générales.

Chez Démosthène on rencontre tantôt des développements et comme des théories, tantôt de simples pensées.

Les théories servent de fondement à l'argumentation. Ainsi, en commençant le discours *sur l'Ambassade*, Démosthène expose complètement les devoirs de l'ambassadeur (2) ; puis il s'attache à démontrer qu'Eschine les a violés tous. Accusant Leptine qui proposait d'a-

(1) C. Midias, p. 584. — Cf. Esch. c. Timarque, §. 24. — Dinarque, c. Démosthène, §§. 1, 8, 11.
(2) P. 342.

broger les exemptions des charges publiques, il établit
les principes d'après lesquels les récompenses doivent
être décernées dans les démocraties (1). Son action
contre Midias lui fournit l'occasion d'examiner quelles
sont les conséquences et quelle doit être la peine de la
violence et de l'injure (2). On trouve tour à tour dans
ses plaidoyers des développements sur l'effet des mauvaises lois (3), sur la force des lois (4), sur les qualités
qu'elles doivent avoir (5), sur les mauvaises mœurs (6),
sur le recouvrement des impôts (7), sur la gravité des
crimes publics et la délivrance des prisonniers (8). Il
commence par poser les principes, et l'application qu'il
en fait immédiatement est la condamnation de son adversaire (9).

Je ne réponds pas que les principes ne soient pas
quelquefois posés précisément en vue des conséquences :
j'ai dit qu'un des arguments les plus habituels aux dé-
fendeurs était de demander pourquoi on ne les avait
point poursuivis plus tôt; Démosthène lui-même en a
largement usé dans le discours *sur la Couronne*. Il a
besoin d'expliquer pourquoi l'un de ses clients se plaint
tardivement des honneurs décernés à Charidème. Eu-

(1) P. 461.
(2) P. 528 et 538, — Contre Conon, p. 1262.
(3) Contre Leptine, p. 471.
(4) Contre Midias, p. 586.
(5) Contre Timocrate, p. 722.
(6) Contre Androtion, p. 602.
(7) Ibid, p. 608.
(8) Contre Timocrate, p. 764.
(9) C'est ce que les rhéteurs appellent θετικὸν κεφάλαιον (V. Théon, Progymnasmata,, c. 2).

thyclès allègue qu'il avait craint d'être isolé, s'il accusait plus tôt ce général, et qu'il n'avait pas attaché une grande importance à ce que la ville faisait pour lui, puis il ajoute : « Et je crois que d'une part s'opposer aux « honneurs, qui, donnés à celui-là, ne devaient pro- « duire aucun mal très-considérable pour la ville, c'é- « tait ou d'un ennemi privé, ou d'un sycophante ; que « d'autre part combattre ceux qui menaçaient la ville « d'un grand danger, c'était l'acte d'un homme hon- « nête et dévoué à sa patrie (1). »

Les pensées générales abondent. Les unes viennent à l'appui de l'argumentation, les autres semblent destinées spécialement à donner au discours un ton philosophique ou bien à y servir comme d'ornements. Je ne puis citer qu'un très-petit nombre d'exemples des unes et des autres. Je veux seulement montrer comment l'orateur les amène et quel parti il en sait tirer.

Charidème est au service du roi de Thrace Kersoblepte ; aujourd'hui l'allié d'Athènes, Kersoblepte ne peut-il devenir son ennemi ? Cela est invraisemblable ; cela serait insensé de sa part, qu'importe ? « Ceux qui « prennent tous les moyens pour arriver à dominer ont « coutume de considérer, non les difficultés, mais ce « qu'ils ont obtenu en réussissant (2). » Aphohe attaque un témoignage rendu par son propre frère Æsios : « Il « n'y aurait pas de raison, dit Démosthène, à citer comme « témoin, pour un faux témoignage, son ennemi et le

(1) Contre Aristocrate, p. 683.
(2) Ibid, p. 658.

6

« frère de son adversaire (1). » Il veut, armé d'une première déposition, combattre ce qu'un témoin a dit
dans une seconde : « Et certainement, ô Athéniens, il
« est beaucoup plus juste de se déterminer par les
« choses dites au commencement que par celles qui
« sont tramées ensuite : on dit les premières non d'a-
« près un dessein prémédité, mais selon la vérité; les
« secondes, en les inventant et selon son intérêt (2). »
Pour prouver que Bœotus n'est pas le fils de Mantias,
il rappelle les querelles de celui-ci avec la mère de
Bœotus : « On voit bien plus souvent un mari et une
« femme qui ont des différends entre eux se laisser
« réconcilier par leurs enfants, que haïr leur com-
« mune famille à cause des torts qu'ils ont l'un en-
« vers l'autre (3). » Spudias revient sur ses aveux :
« Certes, ô juges, c'est une chose étrange, s'il leur est
« permis maintenant de contredire les choses reconnues
« par eux-mêmes et que vous n'ayez plus de preuve;
« car tous les hommes ont coutume de ne pas garder
« de silence sur les accusations qui ne sont ni justes
« ni vraies, mais de les combattre sur-le-champ; n'ayant
« pas fait cela, s'ils les contredisent ensuite, ils passent
« pour être des méchants et des sycophantes (4). » Dans
tous ces exemples, l'idée générale est liée à l'argumentation : elle sert à établir la thèse de l'avocat ou à combattre celle de son adversaire.

(1) Contre Aphobe III, p. 849,
(2) Contre Phormion, p. 921.
(3) Contre Bœotus Iᵉʳ, 1001.
(4) C. Spudias, p. 1035.

Quelquefois l'orateur ne cherche qu'à produire sur l'âme de ses auditeurs une impression grave et qu'à leur faire concevoir une haute idée de son propre caractère en exprimant de nobles pensées. Aristide remarque que les idées générales sur l'humanité, sur la vie, sur la mort, rendent le style majestueux (1). Démosthène attribue les hauts faits des aïeux à ce que « chacun « d'eux pensait qu'il avait été mis au monde, non pas « seulement pour son père et pour sa mère, mais aussi « pour son pays. Quelle différence y a-t-il entre ces « deux choses? La voici : L'homme qui se croit né « seulement pour ses parents attend la mort fixée par « le cours du destin et venant d'elle-même à son heure; « mais celui qui se croit aussi né pour sa patrie veut « mourir pour ne pas la voir esclave, et il juge plus « affreuses que la mort les humiliations et les injures « qu'il faut subir dans une ville asservie (2). » Il se demande pourquoi Eschine et Philocrate, accusés par lui dans l'assemblée du peuple, ne lui répondaient pas : « Parce que la vérité est forte et qu'au contraire on « est faible quand on a la conscience d'avoir vendu les « affaires publiques (3). » — « La pauvreté, » dit Démosthène dans un autre endroit (4), « force les per- « sonnes libres à faire des métiers serviles et bas, qui

(1) Rhétorique, I, Περὶ Σεμνότητος.
(2) Sur la Couronne, p. 296, — trad. de M. Villemain, dans *Démosthène et le général Foy.*
(3) Sur l'Ambassade, p. 406.
(4) C. Eubulide, p. 1313.

« devraient attirer notre compassion sur elles, ô Athé-
« niens, et non pas les perdre. »

Il arrive aussi que la phrase générale contienne seulement une pensée fine, une remarque ingénieuse ou
satirique qui doit charmer un instant l'esprit des juges.
Ils souriaient en entendant ces mots : « Vous savez sans
« doute que, depuis que les hommes sont nés et qu'il
« y a des tribunaux, on n'a jamais pris personne qui
« avouât être coupable, mais que les accusés nient,
« contredisent, mentent, inventent des prétextes, font
« tout pour n'être pas punis (1). » Rien de plus délicat
que cette autre idée : « Vous savez, vous aussi, de quel
« prix est dans les maladies la présence d'une femme
« à côté d'un homme souffrant (2). »

En montrant à quels usages divers Démosthène fait
servir les idées générales, je n'ai pas prétendu soumettre
celles-ci à une classification arbitraire. La plupart du
temps il est difficile de reconnaître si c'est uniquement
en vue de l'argumentation ou en vue des mœurs que
l'orateur place ses axiômes et ses maximes. La disposition et l'habitude de son esprit le portent à généraliser;
les causes qu'il plaide et les difficultés qu'il rencontre
lui en suggèrent la pensée, lui en fournissent l'occasion
ou lui en imposent la nécessité : or, la généralisation
oratoire a ordinairement un triple effet. L'idée générale
donne un argument, parce qu'elle prétend et paraît
contenir une vérité : « La sentence, dit Hermogène (3),

(1) Sur l'Ambassade, p. 408.
(2) C. Néæra, p. 1364.
(3) Progymnasmata, c. 4, — de même Aphtonius, Progymnasmata, c. 4.

« est un raisonnement sommaire dans une démonstra-
« tion complète, nous détournant de quelque chose ou
« excitant à quelque chose, ou montrant ce qu'est
« chaque chose. » Celui qui l'émet semble rechercher,
appliquer, aimer cette vérité, et se recommande ainsi
aux yeux des juges; la forme sous laquelle elle se produit fixe l'attention de tous et satisfait les esprits dési-
reux d'apprendre ce qu'ils ignorent, surtout quand ils
ne sont pas capables de contrôler les enseignements
qu'ils reçoivent, ou curieux d'entendre exprimer sous
une forme élégante et précise des pensées qui en eux
sont obscures et confuses. Démosthène n'eût-il employé
les idées générales que pour l'argumentation, cette manière même d'argumenter aurait suffi pour donner au
discours un caractère singulier de gravité et pour intéresser vivement les Athéniens.

Faut-il attacher une grande importance philosophique
aux diverses doctrines qu'on peut recueillir dans ses ouvrages? Un commentateur de Démosthène lui décerne
le titre de grand philosophe, parce qu'il reconnaît la
puissance de la fortune, c'est-à-dire de la Providence (1).
C'est aller trop loin. Ces théories, ces pensées sont subor-
données souvent aux besoins de la cause. Démosthène
les présente ordinairement d'une manière absolue; c'est
afin d'exclure le doute de l'intelligence de ses auditeurs,
mais c'est au risque de blesser la vérité. Peut-être pour-
rait-on y trouver un intérêt plus sérieux : on verrait
quelle était la morale du peuple et des tribunaux athéniens, en examinant ce qu'un orateur pouvait dire de-

(1) Mountney. sur la 2e Olynthienne, p. 24.

vant eux, et en appréciant la valeur des principes qu'il lui était permis de poser, sans crainte d'être contredit par son adversaire ou condamné par ses juges.

Démosthène n'est pas le premier des écrivains attiques chez qui l'on remarque un usage fréquent et heureux des idées générales : « Si on relit ces pages d'Isocrate, « dit M. Havet (1), on verra tout de suite que les pen- « sées générales, les sentences en font les principales « beautés et qu'elles agrandissent tout ce qu'il touche. « Thucydide avait trouvé ce secret qui restait comme « enveloppé dans l'originalité laborieuse de son génie « et dans la subtilité d'une analyse où Socrate n'avait « pas encore porté la lumière; le talent souple d'Iso- « crate le dégage et le livre à tous ceux qui cultiveront « l'art désormais. » L'éminent critique attribue à l'influence d'Isocrate cette partie considérable du talent de Démosthène dont je viens de parler.

Peut-être a-t-il fait la part bien belle à l'écrivain dont il étudiait le talent trop peu connu et dont il voulait relever la réputation trop rabaissée. Si ces discours de Démosthène sont, comme ceux d'Isocrate, pleins de ces pensées qui instruisent ou qui charment encore le lecteur, l'honneur en est d'abord à cet instinct naturel de notre esprit, qui ne nous permet pas de nous contenter du provisoire et du particulier, et qui nous pousse à chercher quelque chose de général et de durable. Il faut ensuite se rappeler que les Grecs

(1) Revue des Deux-Mondes, 15 déc. 1858 : L'Art et la Prédication d'Isocrate.

aimaient de tout temps les maximes : on en trouve
un grand nombre dans Homère; les premiers orateurs
attiques, Antiphon, Andocide, en contiennent aussi;
ce sont quelquefois les idées les plus vulgaires qu'ils
expriment sous cette forme, tant elle était chère à leurs
auditeurs. Selon le procédé indiqué par Hermogène (1),
on relève les pensées communes en commençant par
dire qu'elles sont communes.

Sans doute le développement des idées générales
n'a pas chez eux l'abondance et la magnificence qu'il
eut plus tard chez Démosthène et les orateurs ses
contemporains; mais déjà ils savent tirer parti de ces
idées, soit pour orner le discours, soit pour fortifier la
preuve, comme on le voit dans ce passage d'Antiphon :
« J'admire, quant à moi, l'audace de mon frère et la
« pensée qu'il a de jurer par sa mère qu'il est sûr qu'elle
« n'a pas fait cela. Comment quelqu'un peut-il être sûr
« d'une chose à laquelle il n'a pas assisté? Ce n'est pas
« devant des témoins que ceux qui préparent la mort
« de leurs proches trament leur complot, mais autant
« qu'ils le peuvent dans le plus grand secret et de
« telle manière que personne ne le sache; ceux dont on
« prépare la mort ne savent rien avant d'être en danger
« et de connaître le malheur dans lequel ils sont. Alors
« s'ils le peuvent, et, s'ils en ont le temps avant de mou-
« rir, ils appellent leurs amis et leurs parents, les pren-
« nent à témoin, leur disent par qui ils sont assassinés,
« et leur recommandent de venger le crime commis sur
« eux; ce que mon père, malade de sa malheureuse et

(1) Περὶ μεθόδου δεινότητος, C. 29.

« dernière maladie, m'a recommandé à moi, enfant; et,
« s'ils ne peuvent faire ces choses, ils écrivent une
« lettre, ils prennent leurs esclaves pour témoins et in-
« diquent par qui ils sont perdus. Mon père a montré
« et écrit ces choses à moi, qui étais jeune, ô juges,
« non à ses esclaves (1). » Les pensées isolées sont plus
fréquentes chez Antiphon que les passages de ce genre;
je vais en citer quelques exemples : » Rien n'est plus
« dur que la nécessité (2). » — « C'est aux malheureux
« que la nouveauté est utile; ils espèrent que les chan-
« gements feront changer aussi leur mauvais sort; les
« heureux ont intérêt à rester tranquilles et à conserver
« le bonheur actuel; quand les affaires changent, d'heu-
« reux ils deviennent malheureux (3). » Il faut punir le
crime involontaire, car « si c'est par la négligence de la
« divinité que le malheur arrive, étant une faute, il est
« juste que ce soit un malheur pour celui qui commet
« la faute; si la colère tombe sur l'auteur, comme sur
« un impie, il n'est pas juste d'empêcher les peines in-
« fligées par elle (4). » — « Le temps et l'expérience
« font connaître aux hommes ce qui n'est pas bien (5).»
Les sentences sont quelquefois très-nombreuses et rapprochées les unes les autres, mais sans se réunir dans
une vaste et philosophique théorie (6).

Enfin Démosthène a pu apprendre lui-même, soit

(1) P. Philoneos.
(2) 1re tétralogie, 2e discours.
(3) 36. — 4e discours.
(4) 2e tétralogie, 3e discours.
(5) Discours sur le meurtre d'Hérode, 2. 3.
(5) V. Ib , 2. 11.

dans l'histoire de Thucydide qu'il copia, dit-on, sept fois, soit dans les leçons de Platon qu'il était fier d'avoir suivies, à poser des principes pour en déduire les conséquences, à tirer de l'expérience des règles certaines pour en faire l'application; il a pu, sans recourir à l'intermédiaire d'Isocrate, y prendre le goût et y découvrir le secret de ces riches développements, inconnus au premier âge de l'éloquence attique. La manière dont il fait concourir ces idées générales à l'argumentation indique peut-être un élève de Thucydide plutôt qu'un disciple d'Isocrate.

Au reste, chez les contemporains de Démosthène, on retrouve également un grand nombre d'idées générales, souvent développées avec bonheur, et habilement disposées pour servir à l'argumentation. C'est ce qui montre que ce n'était pas seulement l'esprit de Démosthène qui était porté vers la généralisation; que sous l'influence égale peut-être d'Isocrate et de Platon tous les orateurs apprenaient à en faire usage, comme le peuple apprenait à y prendre goût. Au début du discours d'Eschine contre Timarque se trouve un beau développement sur la supériorité de la démocratie comparée aux autres gouvernements: l'essence de la démocratie, dit-il, est le règne des lois; or, il y a des lois qui protégent tous les âges, il y en a qui sont faites pour les enfants (1). Ainsi l'orateur arrive aux lois établies sur les mauvaises mœurs, après avoir montré comment elles se rattachent au principe même de la démocratie. Dans son discours *sur l'Ambassade*, il développe plusieurs fois les devoirs des dé-

_____
(1) C. Timarque, §. 2. — Cf. c. Ctésiphon, §. 3.

putés. Fort embarrassé quand Démosthène, à propos de l'Ambassade, invoque contre lui ce témoignage de la Renommée auquel le discours contre Timarque reconnaissait tant d'autorité, il se tire d'affaire par un développement général : « Sachez bien, ô Athéniens, que « la Renommée et la calomnie diffèrent beaucoup, car « la Renommée n'a rien de commun avec la diffama- « tion; la diffamation est sœur de la calomnie. Je les « distingue l'une de l'autre nettement. C'est la renom- « mée, quand la masse des citoyens dit d'elle-même, « sans aucune provocation, qu'une chose est arrivée; « c'est la calomnie, quand un seul homme portant une « accusation à tout le monde diffame quelqu'un dans « toutes les assemblées et devant le Sénat. Nous offrons « des sacrifices à la Renommée comme à une divinité ; « nous donnons au nom du peuple des actions contre les « calomniateurs comme contre des scélérats (1). » Enfin dans le discours contre Ctésiphon il trace un magnifique portrait du véritable démocrate (2). Puis il en rapproche celui qu'il donne comme l'image fidèle de Démosthène et arrive en les comparant trait pour trait à montrer que son adversaire est le plus dangereux ennemi de la démocratie.

Il m'est impossible de terminer ce chapitre sans faire remarquer qu'il arrive souvent à Démosthène de faire des emprunts, même considérables, aux discours qu'il a déjà prononcés.

Il y a d'abord chez lui de fréquentes répétitions d'i-

---

(1) Sur l'Ambassade, $. 45.
(2) $. 35.

dées : « Démosthène lui-même se répète souvent, dit
« Théon (1); non-seulement il transporte ailleurs les
« choses qu'il a déjà dites dans d'autres discours, mais
« encore dans un seul discours il paraît souvent redire
« cent fois les mêmes choses : c'est par la variété de son
« style qu'il trompe ses auditeurs. » Mais il ne cherche
pas toujours à les tromper.

Il reproduit littéralement de longs passages de ses anciens discours. Le plaidoyer contre Timocrate contient
deux développements qui avaient déjà tenu leur place
dans le discours contre Androtion (2). On retrouve dans
les plaidoyers pour Phormion (3), contre Pantænéte (4),
contre Nausimaque (5), des morceaux identiques sur les
conditions et les effets des transactions. On pourrait si-
gnaler une ressemblance non moins parfaite entre plusieurs parties des diverses harangues politiques (6).

Il faut penser que Démosthène, ayant une fois trouvé
pour certaines idées la forme qu'il jugeait la meilleure,
ne se donnait pas la peine d'en chercher une autre, quand
il avait à les exprimer de nouveau. Le grand nombre et
le renouvellement continuel des tribunaux lui permettaient de reproduire devant différents juges les mêmes

---

(1) Προγυμνάσματα, c. 1.

(2) C. Androtion, p. 607 et sqq., p. 605 et sqq. — C. Timocrate, p. 750 et sqq., p. 757 et sqq.

(3) P. 951 et 952.

(4) P. 972 et 983.

(5) P. 991.

(6) M. Egger, dans son Mémoire, p. 31, parle en note de Wes-
termann, *Quæstiones Demosthenicæ, Pars III. Epimetrum, de
repetitis locis in orationibus Demosthenis.*

développements. D'ailleurs les Athéniens se fussent-ils aperçus qu'on leur répétait ce qui leur avait déjà été dit, ils ne s'en seraient pas étonnés; ils savaient que les avocats faisaient des emprunts fréquents non seulement à leurs propres ouvrages, mais à ceux d'autrui. Quand une idée était bonne et qu'elle avait été bien exprimée, il semblait que l'idée et l'expression tombassent également dans le domaine public; il était permis à chacun d'en faire usage, à plus forte raison à celui qui les avait trouvées (1).

(1) V. ce que disent sur ce point MM. Egger, dans son Mémoire, p. 31 et sqq., et Girard, *Des caractères de l'Atticisme dans l'éloquence de Lysias*, p. 16.

CHAPITRE IV.

DES MŒURS ET DES PASSIONS.

L'avocat veut amener les juges et en général l'orateur veut amner ses auditeurs à consacrer par leurs suffrages l'opinion qu'il défend devant eux. Pour arriver à
ce but, il a deux voies : la conviction et la persuasion.
Convaincre, c'est rendre son opinion certaine, même pour
ceux à qui elle ne plaît pas; persuader, c'est rendre son
opinion probable en faisant désirer qu'elle soit certaine.
Convaincre, c'est subjuguer l'esprit par la force; persuader, c'est le séduire et le décider à se laisser prendre.

La persuasion s'opère principalement par les mœurs
et par les passions, la conviction par l'exposition de la
cause et par l'argumention.

On n'a pas besoin de défiinir le mot *passion*. Il n'en
est pas de même du mot *mœurs*. Il n'y a pas en français
plus qu'en latin (1) de terme qui rende exactement l'expression ηθη, dont se sert Aristote. L'emploi des mœurs

_____

(1) Quintilien, liv. vi, ch. ii, « ηθος, cujus nomine, ut ego
« quidem sentio, caret sermo romanus; mores appellantur. »

consiste à exciter la bienveillance du juge par la manière dont le plaideur se peint soi-même et par l'idée qu'il donne de son caractère et de sa vie. Les mœurs sont aussi bien que les passions destinées à exercer une certaine action sur la sensibilité. Les unes et les autres diffèrent moins de nature que de force et, pour ainsi dire, d'intensité. Les passions dérangent le parfait équilibre des facultés de l'âme; je ne parle pas seulement des plus violentes, telle que l'indignation et la haine; celles qu'on regarde comme les plus douces, la douleur, la compassion, troublent aussi cette harmonie où l'âme trouve le repos, sinon le bonheur. Les mœurs ne sont pas faites pour remuer le cœur, mais pour l'incliner peu à peu de manière à lui faire prendre une certaine disposition. Cette première différence en produit une autre. Quand les passions frappent une âme, le coup que reçoit celle-ci est ordinairement trop fort pour qu'elle n'en ait pas conscience. C'est au contraire le propre des mœurs d'agir d'une manière insensible et secrète. Le juge qui redoute les premières et cherche à les éloigner de lui ne peut ni se méfier ni se garantir des secondes. L'orateur a besoin d'être ému pour émouvoir; il faut qu'il paraisse froid, désintéressé même comme le juge pour gagner sa confiance et son estime par la peinture habilement favorable de ses mœurs.

Il a toujours été fort important pour les plaideurs de plaire à ceux de qui dépendaient leurs biens, leur honneur ou leur vie. L'homme, chargé de décider comme s'il connaissait toujours la vérité, au milieu des nuages qui l'obscurcissent ou la cachent, se laisse souvent conduire, au risque de se laisser égarer, par ses sympathies quand il devrait suivre sa raison et même quand il croit

ne suivre que sa raison. Chez les Athéniens, avec la faci-
lité que les plaideurs s'attribuaient pour altérer la vérité, le peu de connaissance qu'avaient les tribunaux du
droit dont ils devaient faire l'application, la bienveillance
des juges était plus précieuse que partout ailleurs. Les
parties en avaient besoin non-seulement pour gagner
leur cause, mais même pour la plaider. Les juges lais-
saient souvent percer, éclater même, leurs sentiments,
pendant le cours de la plaidoirie, soit qu'ils ne pussent
dominer leurs vives et mobiles impressions, soit qu'il
leur parût inutile d'affecter la sévère apparence de l'impartialité. Andocide dit aux juges : « Si je vous parais
« m'être suffisamment justifié sur ce point, montrez-le-
« moi pour que je me défende avec plus d'ardeur sur
« les autres (1). » Eschine rapporte (2) que le tribunal
avait refusé d'entendre les accusations proférées contre
lui par Démosthène dans le discours sur l'*Ambassade*,
et son récit, dont la bonne foi pourrait être révoquée en
doute, est confirmé par Ulpien; d'après celui-ci, Eubule s'écria : « Laisserez-vous Démosthène dire ces
« choses honteuses, » et les juges, se levant indignés,
empêchèrent l'orateur de continuer. Une sympathie ou
une antipathie ainsi manifestée devait aider puissamment
ou singulièrement embarrasser le plaideur. Les rapports
du juge avec l'avocat n'étaient pas les mêmes qu'aujour-
d'hui; il semble que les mœurs accordaient au premier
un pouvoir étendu sur la plaidoirie elle-même, aussi bien
que sur la cause. Les orateurs prient toujours les tri-

---

(1) Sur les Mystères, §. 7.
(2) Sur l'Ambassade. §. 2.

bunaux d'imposer un certain ordre à leur adversaire, de l'enfermer dans une démonstration, de le forcer à insister sur un point déterminé, en lui faisant défense de parler d'un autre ; quand l'adversaire prend la parole, il faut qu'il rappelle à ses juges qu'un serment solennel les oblige à écouter l'attaque et la défense avec une bienveillance égale, et que les deux parties doivent être libres de suivre l'ordre qui convient à chacune d'elles (1). Mais ce serment a dû être souvent une protection insuffisante pour les plaideurs que les juges n'aimaient ou n'estimaient pas.

Quand les parties se font représenter et défendre par un avocat, les mœurs perdent beaucoup de leur importance. Le juge se trouve en présence d'un homme qu'il connaît, sur le compte duquel son opinion est d'ordinaire formée et arrêtée depuis longtemps ; ce n'est pas un seul discours qui peut la changer. L'emploi des mœurs a même alors quelque chose qui répugne à la conscience : on demande à l'avocat de prendre pour le besoin de la cause un visage qu'il déposera en sortant de l'audience, et comme le remarque finement M. Egger (2), « ici le précepte classique touche de trop près « à un conseil d'hypocrisie. » Il faut se rappeler que chez les Athéniens c'étaient les parties qui paraissaient et qui parlaient elles-mêmes devant les juges : « Quand « Aristote, qui est le véritable père de toutes ces « théories, » dit encore M. Egger, « traitait si lon- « guement des mœurs dans le second livre de sa

(1) Démosthène, sur la Couronne, p. 226.
(2) Loc. cit., p. 26.

« *Rhétorique*, il n'avait et ne pouvait avoir en vue que
« les tribunaux d'Athènes, où tous les âges et tous les
« caractères se produisaient devant les juges, où le
« rhéteur avait précisément pour office d'approprier les
« discours au caractère, à l'âge, à la profession des
« plaidants. A ce point de vue, je comprends beaucoup
« mieux l'utilité de tant de fines analyses dont le phi-
« losophe a rempli vingt ou trente pages, qui sont
« peut-être les plus belles de son livre : le vieillard,
« l'homme fait et le jeune homme, l'orgueilleux, le
« jaloux, le miséricordieux, le brave, le craintif, le
« noble et le riche, je les retrouve non-seulement sur
« les bancs du tribunal où tous les Athéniens siégeaient
« à tour de rôle, mais encore parmi les plaideurs. Il est
« tout simple que l'orateur de profession compose à son
« client le personnage qui méritera le mieux la bien-
« veillance de ses juges. »

Ce qu'ont à faire avant tout les plaideurs, c'est d'expliquer et de justifier leur présence au tribunal. Chose
singulière! les Athéniens aimaient naturellement les
procès; ils y trouvaient de plus un revenu assuré, fourni
en grande partie par les alliés, et cependant les parties
devaient se représenter comme agissant malgré elles,
comme ayant épuisé tous les moyens de conciliation, ou
comme obéissant à quelque sentiment respectable et
sacré, qu'il eût été honteux pour elles de trahir. Démosthène commence le premier de ses plaidoyers en décla-
rant qu'il n'eût pas intenté de procès, si son tuteur avait
voulu s'en remettre à l'arbitrage de parents communs (1).

(1) Contre Aphobe 1, 813.

Plaidant contre le beau-frère de ce même tuteur, il proteste du vif désir qu'il a de vivre en bonne intelligence
avec l'un et avec l'autre; il a fallu qu'il fût réduit à la
dernière extrémité pour qu'il agît (1). Il arrive quelquefois au plaideur de faire ressortir lui-même tout ce que
le procès a d'odieux pour prouver qu'il était incapable
de le soulever volontairement : « C'est la plus triste de
« toutes les choses, ô juges, » dit Mantithée (2),
« quand on est de nom le frère de certains hommes, et
« qu'en fait on les a pour ennemis, et que, après avoir
« eu beaucoup à souffrir d'eux, on est forcé de venir
« devant le tribunal, ce qui m'est arrivé aujourd'hui. »
Le sycophante est encore plus odieux que le plaideur
de profession; un citoyen doit avoir un motif puissant
pour exposer un autre citoyen à une amende, à la perte
de la cité ou de la vie. Démosthène, dans le discours *sur
l'Ambassade*, nie qu'il ait accusé Eschine par avidité,
peur ou haine; il a pris en main la cause de la République, mais ce n'est pas assez : pourquoi s'est-il chargé
de cette cause? C'est qu'il avait lui-même fait partie de
l'ambassade, et qu'il a craint, dit-il, d'être un jour considéré et puni comme complice de ses collègues (3). Une
inimitié privée autorise suffisamment des poursuites, à
moins qu'elles ne soient dépourvues de motif; il semble
tout naturel qu'on se venge d'un ennemi en surveillant
sa conduite et en le déférant aux tribunaux, dès qu'on
y surprend quelque faute grave. Théomneste commence

(1) C. Onétor I, p. 864.
(2) C. Bœotus II, p. 1008.
(3) Sur l'Ambassade, p. 409.

ainsi son plaidoyer contre Néæra, femme de Stéphanos (1) : « Il y avait beaucoup de choses, ô Athéniens,
« qui m'engageaient à diriger cette accusation contre
« Néæra et à me présenter devant vous. Car nous avons
« subi de grandes injustices de la part de Stéphanos,
« et il nous a fait courir les derniers périls, à mon
« beau-frère, à moi, à ma sœur et à ma femme, en sorte
« que ce n'est pas pour commencer, mais pour me ven-
« ger que je vais combattre dans ce procès. C'est lui
« qui le premier a commencé l'inimitié, sans avoir ja-
« mais rien souffert de notre part, ni dans nos discours,
« ni dans nos actions. Je veux d'abord vous montrer ce
« qu'il nous a fait souffrir, afin que vous me pardonniez
« davantage, si je me défends, et comment nous avons
« couru les plus grands périls, la perte de la patrie et
« l'infamie. » C'est cette justification de l'accusation
que Théomneste présente, avant de passer la parole à
son beau-frère Apollodore pour la discussion de la cause.

Tous les orateurs attiques ont la même préoccu-
pation. Eschine commence son discours contre Timarque
en faisant observer qu'il n'accuse jamais personne, c'est
Timarque seul qui doit être responsable de l'accusation
dirigée contre lui; ce n'est ni la ville, ni les lois, ni le
peuple, ni Eschine même : « Les lois interdisaient à
« Timarque, ayant vécu honteusement, de parler au
« peuple; ordre, à ce qu'il me semble, non difficile à
« remplir, mais même fort aisé; s'il avait été sage, il lui
« était permis de ne pas me calomnier (2). »

(1 C. Néæra, p. 1345.
(2) C. Timarque, §. 1.

Quand on a une cause légitime d'inimitié, on ne craint pas de l'avouer (1), car on passerait pour faible et non pour magnanime si l'on négligeait de se venger. Mais il faut se garder de pousser l'amour de la vengeance jusqu'à l'acharnement, et il semble que l'on aurait mauvaise grâce à poursuivre toujours le même citoyen (2).

Après avoir disposé les juges en sa faveur en montrant que l'on a peu de goût pour les procès, on leur fait voir que l'on n'a rien de tout ce qui peut assurer la victoire, à l'exception du bon droit. On se représente pauvre (3), sans amis (4), inexpérimenté dans l'art de la parole comme dans les luttes judiciaires (5) : « Je vous « supplie, ô juges, dit le fils d'Aristodème (6), de se- « courir et mon père qui est devant vous et moi, si nous « défendons le droit, et de ne pas mettre de côté des « hommes pauvres et faibles, opprimés par des arti- « fices injustes. Pour nous, nous venons, ayant con- « fiance dans la vérité, et contents si l'on nous laisse « obtenir l'application des lois; ceux-ci sont toujours « appuyés sur leurs préparatifs et sur leurs dépenses, « avec raison, je crois; car c"est le bien d'autrui qu'ils « dépensent sans peine pour se procurer en grand « nombre des orateurs qui parleront en leur faveur, et « de faux témoins. Mon père, car il faut le dire, com-

---

(1) Contre Apaturios, p. 900. — Contre Nicostrate, p. 1247.
(2) Contre Timocrate, p. 696.
(3) Contre Eubulide, p. 1309.
(4) Contre Théocrinès, p. 1323 et 1344.
(5) Contre Aristocrate, p. 621. — Contre Aphobe, p. 813. — Cf. p. 814, 864, 907, 1009, 1028, 1250, 1273, etc., etc.
(6) Contre Léocharès, p. 1081.

« bat, ayant des témoignages évidents et de sa pauvreté,
« que vous connaissez tous, et de son humble condition;
« il est héraut au Pirée, état qui prouve non-seulement
« qu'un homme est misérable, mais encore qu'il n'a pas
« de loisir pour intriguer; car il oblige à passer tout le
« jour sur l'Agora. Il faut que vous pensiez à ces choses
« pour en conclure que, si nous n'avions pas eu con-
« fiance en notre droit, jamais nous ne serions venus
« devant vous. »

On se garde avec soin de paraître avoir composé d'a-
vance son discours : l'art ferait douter de la véracité.
Démosthène semble hésiter quand il cite des décrets sur
lesquels il s'appuie (1) : il dit qu'il prend au hasard parmi les crimes de Midias ceux qu'il veut rappeler aux
Athéniens (2); il feint d'avoir oublié une déposition et
d'y revenir après coup (3); il semble ne pas tenir à son
ordre et se déclare prêt à commencer par où il plaira
aux juges (4). Toutes les fois qu'il fait des calculs, on y
trouve de légères erreurs (5) : il sacrifie l'exactitude à
ces comptes ronds auxquels les exigences de la statis-
tique moderne ont ôté tout crédit; une opération, faite
de tête sur le moment même, paraîtrait invraisemblable.

Le genre démonstratif était le seul où l'on pût avouer
que l'on s'efforçait de parler comme personne n'avait

---

(1) C. Leptine, p. 482. — C. Aristocrate, p. 647.
(2) C. Midias, p. 557.
(3) C. Bœotus II, p. 1125.
(4) C. Aristocrate, p. 626.
(5) C. Aphobe I, p. 815 et 825. — C. Phormion, p. 914. —
C. Nausimaque, p. 990. — C. Eubulide, p. 1303.

parlé encore (1), prétendre que le signe d'une éducation libérale était moins le courage que l'éloquence (2), défier tous les orateurs de traiter le même sujet (3). Si l'on avait besoin de preuves pour établir qu'Isocrate n'a jamais prononcé le discours *sur l'Antidose*, on en trouverait dans ces passages où il se vante avec un orgueil presque poétique d'en faire un monument plus beau que l'airain (4), où il insiste sur la nature du genre d'éloquence qu'il a pris (5). Le plaideur, si l'on remarque qu'il parle avec plus de soin que d'habitude, doit s'en excuser en toute hâte (6).

On sait que l'orateur doit prévoir et combattre d'avance les arguments de son adversaire. C'est lui qui, en étudiant la cause, remarque ce qu'elle contient de favorable ou de défavorable à son opinion; il suppose que l'autre avocat invoquera telle ou telle raison. Mais il faut un art exercé pour arriver à découvrir ainsi le système de son adversaire. Les orateurs grecs le dissimulent en se représentant comme instruits par la rumeur publique des arguments qui vont être employés contre eux. L'artifice est simple, mais il suffit pour sauver les apparences : « J'entends dire que celui-ci sou- « tiendra telle chose, » voilà de quelle manière commence toujours la réfutation anticipée du discours qui

---

(1) Isocrate, Panégyrique, §. 1.
(2) Id., ib., §. 13.
(3) Ib., §. 51.
(4) §. 3.
(5) §. 18.
(6) Antiphon, 2ᵉ tétralogie, 2ᵉ discours.

n'a pas été encore prononcé. Comme il ne faut pas, en général, convenir qu'on a préparé avec soin son propre plaidoyer, qu'on a recherché et combiné les raisons sur lesquelles on s'appuie, on ne peut non plus avouer qu'on s'est demandé d'avance, qu'on a trouvé ce que dirait l'adversaire et ce qu'il faudrait lui répondre (1).

Cette habileté de langage réussissait moins bien chez les Romains. Un des adversaires de Cicéron y recourut un jour et Cicéron se moqua de lui : « Maintenant, puisque « j'ai répondu à tout ce que tu avais dit, T. Attius, sur « la condamnation d'Oppianicus, il te faut confesser que « tu t'es étrangement trompé quand tu as cru que je dé- « fendrais A. Cluentius non-seulement en fait, mais en « droit. Car tu as dit souvent que l'on t'avait fait savoir « que j'avais l'intention de mettre cette cause sous la « protection de la loi. Quoi donc ! sommes-nous à notre « insu trahis par nos amis? Y a-t-il quelqu'un parmi « ceux que nous considérons comme des amis qui va « livrer nos projets à notre adversaire? Qui t'a fait sa- « voir cela? qui a été si pervers? A qui moi-même en « ai-je parlé (2)? »

Il n'est pas de mérite, de vertu qu'un plaideur ne tâche de s'attribuer, mais les Athéniens ont trop de bon goût pour souffrir qu'il leur fasse grossièrement son propre éloge. C'est aux juges à tirer de ses paroles une conclusion favorable. On leur donne une haute idée de sa retenue quand on déclare ne pouvoir répéter devant

(1) V. Eschine, c. Ctésiphon, §§. 76 et 82.
(2) Pour Cluentius. § 52.

eux les discours impudents qu'a tenus l'adversaire, surtout si c'était en présence d'honnêtes femmes que celui-
ci a eu un pareil langage (1). Démosthène fait admirer
son courage, sans en parler, quand il dit que les citoyens
injuriés par Midias n'ont jamais osé se plaindre (2).

Diodore reproche à Androtion d'avoir divulgué les malheurs des citoyens, en se chargeant du recouvrement
des impôts; tout ce qui en a été dit fût-il vrai, l'humanité ordonnait de garder le silence (3). Démosthène n'ose
pas rappeler des injures faites à des citoyens, sans
s'excuser, sans protester qu'il regrette de les affliger,
qu'il ne fait qu'obéir à la nécessité (4). On semble
craindre de prononcer les noms de ceux qui ne sont pas
nécessairement en cause. On leur demande pardon et l'on
atténue la gravité de leurs fautes, quand on est forcé
de les rappeler. On hésite même à citer des témoins:
Eschine, appelant Misgolas, parle des ménagements avec
lesquels il a rédigé la déposition de celui-ci (5). On se
dispense quelquefois de faire déposer certaines personnes, sous le prétexte qu'il faut envelopper leur douleur d'un profond silence (6). Les malheurs des peuples
excitent autant de compassion que ceux des particuliers. On peut voir comment on parle de Thèbes dans
les deux discours *sur la Couronne.* Eschine rappelle que
tous les Grecs se sont rassemblés à une certaine épo-

(1) C. Midias, p. 540. — Cf. Bœotus II, p. 1025.
(2) C. Midias, p. 520.
(3) C. Androtion, p. 612.
(4) C. Midias, p. 533.
(5) C. Timarque, §§. 11 et 18.
(6) Ib., §. 21.

que, dans une ville « que je ne veux pas nommer, dit-il,
« et plaise au ciel qu'aucun des Grecs n'ait de malheurs
« pareils aux siens (1)! » Et plus bas, après avoir dit
que les Thébains n'ont jamais réussi, il ajoute : « J'en
« sais bien la cause, mais ne veux pas la dire à cause
« de leurs infortunes. » Démosthène se contente de
rappeler que les Thébains « n'avaient pas usé avec
« modération des succès qu'ils avaient remportés à
« Leuctres (2), » et un peu plus bas il ne parle de leur
insolence passée qu'en ajoutant qu'ils sont devenus
malheureux. « On prétend, dit-il, qu'il « importait à
« Philippe, aux Phocéens, à vous tous également d'être
« débarrassés de l'orgueil et de l'insolence des Thébains.
« Quelques-uns entendaient ces discours avec plaisir, à
« cause de l'antipathie qui existait alors contre les Thé-
« bains (3). » Apaturios se plaignit, » dit un plaideur (4),
« que j'engageasse le vaisseau et les esclaves pour l'ar-
« gent de Parménon et que je devinsse son ennemi dans
« l'intérêt d'un exilé; pour moi, je dis que je néglige-
« rais d'autant moins celui qui s'était fié à moi, que
« je le voyais exilé, malheureux, injustement lésé par
« celui-ci. »

Quand on parle d'un jugement duquel on a lieu
d'être mécontent, c'est toujours dans les termes les
plus respectueux pour le tribunal qui l'a rendu; on se
contente de plaindre sa bonne foi égarée; on recon-

---

(1) C. Ctésiphon, §. 41.
(2) Sur la Couronne, p. 231.
(3) Ib., p. 238.
(4) C. Apaturios, p. 896.

naît qu'il est difficile aux hommes de ne pas se tromper; qu'en présence des artifices et des faux témoignages combinés par l'adversaire, il était impossible de juger autrement (1). Tant de retenue, de douceur, de respect ne peut échapper aux juges et produit sur leur esprit une impression d'autant meilleure que le plaideur leur laisse apercevoir ses vertus sans en faire l'étalage devant eux, et que sa discrétion leur permet de s'applaudir de leur facile perspicacité.

L'influence des mœurs oratoires n'est pas moins sensible dans les plaidoyers politiques. Que l'on compare les *Philippiques* et le discours *sur la Couronne*. Dans les premières, Démosthène ne cesse de rendre les Athéniens responsables de leurs revers : s'ils sont vaincus par Philippe, la faute en est à eux-mêmes, à leur négligence, à la complaisance avec laquelle ils écoutent les traîtres, non aux dieux, qui en plusieurs occasions ont manifesté leur faveur pour Athènes, non à Philippe, qui n'est fort que par la faiblesse de ses ennemis. Les Athéniens doivent espérer encore, puisqu'il dépend d'eux seuls de recouvrer le premier rang, en faisant un généreux effort. Voilà les idées que l'auteur des Philippiques et des Olynthiennes développe sans cesse devant le peuple, sans craindre de lui déplaire. Quand Eschine, en poursuivant Ctésiphon, demande aux Athéniens de condamner solennellement la conduite politique de Démosthène, celui-ci, pour se justifier, cherche à prouver que ce n'est pas sur lui qu'il faut faire re-

(1) C. Macartatos, p. 1052. — C. Stéphanos 1, p. 1103. — C. Néæra, p. 1347.

tomber les malheurs qu'il a tenté en vain de prévenir, la défaite de Chéronée et l'irrévocable asservissement de la Grèce. Mais il ne se sépare pas du peuple athénien, il ne lui reproche pas d'avoir longtemps résisté à ses conseils, d'avoir laissé fuir bien des occasions propices, et de s'être laissé réduire à engager une lutte où l'attendait une défaite inévitable. C'est à la fortune qu'il impute le désastre de sa patrie et la ruine de sa liberté : « Je veux, m'étant « débarrassé des choses privées, vous dire encore « quelques mots des choses publiques : si tu peux, « Eschine, montrer un seul des hommes qui vivent « sous ce soleil, qui ait échappé à la puissance de Phi- « lippe d'abord, et maintenant à celle d'Alexandre, « parmi les Grecs ou parmi les barbares, soit; je consens « que ma fortune, ou mon infortune, de quelque « nom que tu veuilles l'appeler, ait été cause de tout. « Mais si parmi ceux qui ne m'ont jamais vu, qui n'ont « jamais entendu ma voix, beaucoup ont souffert les « plus grands maux, non-seulement des particuliers, « mais des cités entières et des nations, combien n'est-il « pas plus juste et plus vrai de croire que c'est la com- « mune fortune de tous les hommes, comme il semble, « et une abondance insurmontable de maux qui ont pro- « duit ces choses (1)? » Il ne lui vient même pas à l'esprit qu'on puisse accuser les Athéniens : ce sont ses juges.

Si la place des mœurs oratoires est principalement dans l'exorde, on les retrouve dans tout le reste du plaidoyer; le plaideur doit demeurer tel qu'il s'est mon- tré d'abord. sous peine de détruire le bon effet produit

(1) Sur la Couronne, p. 316.

par ses premières paroles. Si je ne craignais de faire une distinction arbitraire, je dirais que l'exorde renferme plutôt cette partie des mœurs, qui est destinée à exciter l'intérêt en raison de la position du plaideur, et que le corps du discours contient cette autre partie, qui doit exciter la sympathie et peut-être un certain sentiment d'admiration en raison de son caractère et de sa vie. Ce que l'on peut dire sans vanité se met dans l'exorde ; ce qu'on laisse entendre se place partout où l'occasion s'en présente. Il est bon d'avoir déjà disposé l'esprit des juges à comprendre de soi-même les choses qu'il n'est pas permis d'expliquer. Deux plaidoyers de Démosthène nous offrent et l'exemple et le modèle de ces mœurs ainsi répandues dans tout le discours ; je veux parler de ceux qu'il composa contre les généraux Timothée et Conon. Il s'attaquait à des hommes illustrés par de longs exploits dont l'un, Timothée, était devenu malheureux ; il fallait triompher de la reconnaissance qu'inspirent les services rendus, de l'admiration qu'on a pour la gloire, de la compassion que l'on éprouve pour une grande infortune : il fallait vaincre des sentiments par d'autres sentiments : Démosthène mit tout son art à faire de ses clients des hommes doux, pacifiques, modérés, pleins de dévouement pour la République, incapables d'élever une prétention injuste, disposés même à sacrifier une partie de leurs droits pour l'amour de la paix. Les mœurs font assurément la partie la plus importante de ces deux discours.

La modération est une qualité qu'il faut garder constamment. Hermogène (1) a rassemblé de nombreux

---

(1) Περὶ ἰδεῶν, t. II, c. 6, περὶ ἐπιεικείας.

exemples dans Démosthène, pour nous apprendre ce que c'est que la modération dans le langage, soit qu'elle consiste à paraître diminuer volontairement la force de ses propres arguments, ou à laisser de côté quelque chose, ou qu'elle vienne de la simplicité du ton.

L'attitude de l'orateur faisait partie des mœurs oratoires; il fallait garder un maintien décent et digne; il y avait des lois sur la dignité; « la ville la mieux gou- « vernée est celle où il y a le plus de dignité, » dit Eschine (1), et il rappelle que Périclès, Thémistocle, Aristide n'eussent pas osé parler, s'ils n'avaient eu « la « main en dedans; » que Solon était représenté dans cette posture sur la place de Salamine.

Il ne suffit pas de faire penser du bien de soi : il faut faire penser du mal de son adversaire. Sans doute celui-ci pourra se défendre, se justifier même quand il prendra la parole; mais peut-être ne fera-t-il pas disparaître complètement la mauvaise opinion que les juges auront conçue sur son compte : « il en restera toujours quel- « que chose. » D'ailleurs, comme le dit Démosthène lui-même, « par nature il appartient à tous les hommes « d'écouter volontiers sur autrui le blâme et l'invec- « tive et d'être fatigués de ceux qui se louent eux- « mêmes (2). » On compose donc aussi un personnage à son adversaire : on le montre riche, éloquent, actif, appuyé par de nombreux amis, récitant un plaidoyer écrit par un logographe, dangereux pour les tribunaux,

(1) C. Timarque, §. 6.
(2) Sur la Couronne, p. 226. — Trad. de M. Villemain, Souvenirs contemporains.

dont ses artifices peuvent tromper la religion, pour la démocratie, dont il menace l'existence et foule aux pieds les lois (1). On le tourne en ridicule; c'est ainsi que Démosthène, dans le discours *sur la Couronne*, rappelle constamment qu'Eschine a commencé par être acteur, raille jusqu'à la beauté de cet organe qui a retenti dans le théâtre, et persiffle une érudition empruntée aux auteurs tragiques. Il faut voir comme il décrit la contenance d'Eschine après les malheurs d'Athènes (2), et comment Eschine à son tour raconte la conduite de Démosthène à la cour de Philippe (3). Apollodore se moque des solécismes de Phormion (4), car, si l'on doit éviter de passer pour un orateur consommé, il se faut garder avec autant de soin de violer les règles du langage attique.

Un des moyens que les orateurs emploient le plus volontiers pour ruiner leur adversaire dans l'esprit des juges, c'est de rapporter des propos inconvenants tenus par lui sur le compte du peuple athénien ou des juges eux-mêmes. Il est probable qu'ils n'hésitaient pas à en inventer, quand ils en avaient besoin. Démosthène fait dire par Eschine aux députés de Philippe qu'il y a dans Athènes beaucoup de gens qui font du bruit, mais qu'on en compte peu qui aillent à la guerre (5). A l'entendre,

(1) Contre Midias. — Contre Conon. — C. Androtion, p. 594. — P. Phormion, p. 958. — Contre Phænippe, p. 1046. — C. Stéphanos II, p. 1129. — C. Olympiodore, p. 1177 et 1182.
(2) Sur l'Ambassade, p. 442.
(3) Sur l'Ambassade, ᵖᵖ. 15 et sqq.
(4) C. Stéphanos, p. 1111.
(5) Sur l'Ambassade, p. 375.

Midias considère tous les Athéniens comme des men-
diants, des scélérats ou des gens de rien (1), et, quand
il parle en public, c'est pour reprocher au peuple les
services qu'il lui a rendus (2). Un plaideur rapporte qu'il
offrit l'arbitrage à Dionysiodore : « Il dit que nous étions
« bien simples si nous le supposions assez fou pour se
« présenter devant l'arbitre qui le condamnerait évidem-
« ment à payer, quand il lui était possible d'aller devant
« le tribunal en gardant l'argent; qu'ensuite, s'il pou-
« vait vous tromper, il s'en irait, ayant le bien d'autrui;
« qu'autrement, il rendrait alors la somme (3). »

Eschine use du même artifice. Il dit aux juges que
Démosthène a promis de les tromper, qu'en rentrant
chez lui il se moquera d'eux avec ses élèves (4). Il fait
ressortir la présomption de son adversaire : « Seul dans
« son discours, Démosthène paraît le gardien de la
« ville, les autres sont traîtres (5). »

On peut s'étonner que ce moyen, qui consiste à peindre
d'une manière défavorable les mœurs d'un adversaire,
sans raconter les faits de sa vie et sans exciter de passions, n'ait pas été classé à part et n'ait pas reçu de l'ancienne rhétorique un nom spécial.

D'après Longin, « Démosthène ne s'entendait pas fort
« bien à peindre les mœurs (6); » il était resté, pour

---

(1) P. 574.
(2) P. 579.
(3) C. Dionysiodore, p. 1288.
(4) C. Timarque, §. 33.
(5) Sur l'Ambassade, §. 5.
(6) Trad. de Boileau, ch. 28.

cette partie de l'art oratoire, au-dessous d'Hypéride. Cette opinion ne peut s'expliquer que par l'oubli dans lequel étaient tombés au temps de Longin les plaidoyers privés de Démosthène. Les mœurs occupent naturellement une place moins considérable dans les harangues et même dans les plaidoyers politiques, les seuls que l'on continuât à lire à cette époque. Il nous est impossible aujourd'hui d'établir un parallèle entre Démosthène et Hypéride; nous possédons un trop petit nombre de fragments de celui-ci, même depuis les découvertes qui ont fourni à de savants hellénistes (1) l'occasion d'étudier son génie. Mais on peut comparer Démosthène avec Lysias; l'on reconnaîtra que les mœurs, dans les ouvrages du premier, ne le cèdent peut-être pas à celles qu'on admire avec raison dans les écrits du second.

On rencontre dans les auteurs anciens et modernes les assertions les plus contradictoires sur le rôle que jouaient les passions dans l'éloquence attique. M. Havet (2) parle de « péroraisons pleines de gestes, de « larmes et de cris..., vraies scènes de tragédie. » Il peut s'autoriser du témoignage d'Isocrate qui dit à la fin de son discours sur l'*Antidose :* « Je vois que les autres « accusés, quand ils arrivent à la fin de leur défense, « prient, conjurent, font monter près d'eux leurs en-« fants, leurs amis (3). » C'est pour se moquer des orateurs de son temps que Bdélycléon, dans Aristophane,

_____

(1) MM. J. Girard et F. Meunier, couronnés par l'Académie des Inscriptions et Belles-Lettres.
(2) Etude sur la Rhéthorique d'Aristote, p. 29.
(3) 2. 31.

présente au juge la famille désolée du chien Labès (1). Les orateurs prenaient soin de combattre d'avance les passions auxquelles ils supposaient que leurs adversaires auraient recours, comme ils se seraient attchés à réfuter un argument. C'était pour eux une espèce de lieu commun, ce qui semble prouver que l'emploi de ces passions était devenu bien fréquent.

Selon Quintilien au contraire, la péroraison était hors d'usage chez les Athéniens (2); ils ne souffraient qu'un résumé; le héraut faisait défense aux orateurs d'exciter les passions (3). Il était interdit de parler en dehors de l'affaire devant « ce venerable senat d'Areo-« page » qui « iugeoit de nuict, de peur que la veue « des poursuyvants corrompist sa justice (4). » La règle avait été étendue à tous les tribunaux, quoiqu'elle n'y fût pas toujours exactement observée. Dans les monuments qui nous restent de l'éloquence attique, il n'y a que bien peu de péroraisons; on en trouve dans le discours d'Andocide *sur les Mystères,* dans celui d'Eschine *sur l'Ambassade.* Le plus souvent les orateurs se contentent d'un court et simple résumé ou terminent par une phrase générale sur la nécessité de juger sans précipitation, de punir le crime ou de justifier l'innocence.

On peut être d'abord assez embarrassé pour concilier

(1) Guêpes, 975-979.
(2) x, 1.
(3) vi, 1. Il dit que le résumé : « unum epilogi genus visum « est plerisque. Atticorum... : id sensisse Atticos credo quia Athenis « affectus movere etiam per præconem prohibebatur orator. »
(4) Montaigne, liv. II, ch. 12.

8

des opinions si complètement contraires, émises par
des écrivains également autorisés. Il n'y avait rien d'é-
tonnant à ce que la loi athénienne eût interdit aux orateurs les mouvements et les passions. Cette prohibition
était la conséquence naturelle de la méfiance excessive
que l'éloquence inspirait à l'auteur de cette loi et dont nous
avons déjà vu plus d'une preuve. Le législateur avait es-
péré pouvoir réduire les orateurs à exposer simplement
la cause. Mais nous avons vu aussi comment les précautions qu'il avait prises avaient été successivement élu-
dées avec la connivence tacite et nécessaire de ceux
même qui étaient chargés de faire exécuter ses prescriptions. Il ne pouvait tenir éternellement les passions éloi-
gnées des tribunaux, pas plus qu'il n'avait pu empêcher
les plaideurs de recourir en secret à l'éloquence souvent
payée d'un avocat de profession. Le législateur est toujours sûr de succomber quand il engage une lutte avec
la nature humaine. Il ne doit pas songer à modifier
l'œuvre de Dieu, quelle que soit la pureté de ses inten-
tions, et, quand il l'entreprend, il échoue, quelle que
soit l'habileté de ses dispositions. Le vrai homme, com-
primé, lui échappe toujours par quelque endroit. L'u-
sage des passions est naturel et légitime. On ne peut
écouter sans pitié le récit d'une injuste infortune, voir
un grand crime sans indignation. Le législateur athénien devait interdire aux juges de ressentir les passions, avant de défendre à l'orateur de les exciter; mais
comment aurait-il fait pour empêcher, par exemple, qu'ils
n'arrivassent au tribunal pleins de colère contre un général malheureux? La justice demandait qu'on permît
aux passions de combattre les passions : ces forces vives
de l'âme peuvent également servir l'erreur et la vérité

cela est incontestable; la tâche du juge est de discerner si l'avocat en fait un bon ou un mauvais usage.

Malgré de sévères défenses, les passions parvinrent à s'introduire dans l'éloquence judiciaire; mais on ne put oublier qu'elles avaient été proscrites par le législateur. De là comme une double règle que l'usage consacra et à laquelle les orateurs dérogèrent bien rarement : la première, qu'il n'y eût pas de péroraison, la seconde, que les passions fussent en quelque sorte confondues avec l'argumentation et n'occupassent point une place distincte au milieu du discours (1); l'usage des passions fut permis à ces conditions, qui, il faut le reconnaître, étaient de nature à le régler et à le modérer.

Tout restreint qu'il fût, il parut encore excessif aux Athéniens. Leur goût ne s'accommoda point toujours de ces mouvements de l'âme qu'ils avaient cessé de trouver dangereux pour leur impartialité. Il fallait peu de chose pour toucher un peuple naturellement si délicat et si sensible; on n'avait besoin ni de paraître devant eux avec des vêtements de deuil et dans un appareil qui les eût choqués loin de les émouvoir, ni de répandre des pleurs abondants ou de pousser de longs sanglots; ce qui était nécessaire pour fléchir le cœur dur des Romains eût paru extraordinaire dans Athènes et aurait provoqué un sourire moqueur au lieu d'arracher des larmes. Il n'en fallait même pas autant. Les Athéniens reprochaient à leurs orateurs de pécher par excès là où les Romains et les Français s'étonnent de ne trouver que ce qu'ils croient être la juste mesure. La différence des jugements

(1) V. M. Girard, Des Caractères de l'Atticisme, etc., p. 8.

s'explique par la différence des goûts qui provient elle-même de la différence des génies.

Les plaidoyers de Démosthène peuvent nous donner une idée juste et complète de la manière dont les avocats athéniens employaient les passions. Celle dont les juges se méfiaient le plus, celle contre laquelle étaient prises toutes les précautions du législateur, était la pitié; aussi fallait-il s'en servir avec discrétion : « Ils n'ont pas « rougi, » dit Démosthène en parlant de ses tuteurs (1), « de ne pas avoir pitié de ma sœur, qui, ayant reçu « deux talents de mon père, n'aura rien de ce qui lui « appartient, mais, agissant comme des ennemis achar- « nés, non comme des amis et des proches qui nous « étaient restés, ils n'ont tenu aucun compte de la pa- « renté, et moi, infortuné entre tous, je suis également « embarrassé et pour la doter et pour suffire au reste « de ma dépense. » Mantithée, plaidant contre ses frères (2), dit : « J'ai été chassé par ceux-ci de la mai- « son paternelle où je suis né, où j'ai été élevé, où ils « ont été reçus, non par mon père, mais par moi, après « sa mort. » L'orateur se contente d'un mot; on dirait même qu'il s'en remet aux auditeurs du soin de dé-gager le sentiment du milieu des faits qu'il rapporte. Son pathétique est mesuré et se confond presque avec les mœurs, tant il met de modération et de dou-ceur dans sa plainte, pour n'éveiller pas la méfiance en paraissant faire un effort pour surprendre la religion des juges. Il était dangereux de passer pour habile dans l'art

(1) C. Aphobe I, p. 804.
(2) C. Bœotus II, p. 1008.

d'exciter la pitié, et l'on avait soin d'attribuer à son adversaire ce talent suspect. Démosthène ne nous paraît pas avoir péché par excès de sensibilité, et Eschine dit de lui : « Cet homme pleure plus facilement que « d'autres ne rient; » il revient même fréquemment sur les larmes de Démosthène (1).

Cependant, quand Démosthène croyait les juges disposés à recevoir l'impression qu'il voulait produire sur eux, il savait exprimer sa douleur : on peut en juger par ce passage, tiré du second discours contre Aphobe : « Qui « de vous pourrait justement ne pas s'irriter contre ce- « lui-ci, ne pas prendre pitié de nous, en voyant qu'il « a, outre la fortune qui lui a été laissée, plus de dix « talents, mon bien, qui s'y sont ajoutés, et que nous « sommes, non-seulement privés de l'héritage pater- « nel, mais dépouillés par leur perversité de ce qui nous « a été remis ensuite? où nous tournerons-nous, si vous « jugez cette affaire contre nous? réclamerons-nous les « biens engagés à des créanciers? mais ils sont à ceux « qui les ont reçus en gage. Ce qui en reste? mais c'est « à celui-ci, si nous sommes condamnés à l'amende. « Non, juges, ne soyez pas pour nous cause de si grands « maux; ne nous regardez pas d'un œil indifférent, « ma mère, ma sœur et moi, après les indignités que « nous avons souffertes : nous que mon père laissa avec « de tout autres espérances, car l'une devait épouser « Démophon, avec deux talents de dot, l'autre Aphobe, « le plus misérable des hommes, avec soixante-dix « mines, et vous deviez avoir en moi son successeur

(1) C. Clésiphon, 22, 71, 72, 73.

« pour les services publics. Secourez-nous donc, secou-
« rez-nous, et pour le droit, et pour vous-mêmes, et
« pour nous, et pour mon père mort. Sauvez-nous,
« ayez de la pitié, puisque ceux-ci, nos parents, n'en
« ont pas eu. Nous nous réfugions près de vous. Je vous
« supplie, je vous conjure, par vos enfants, par vos
« femmes, par tout ce que vous avez de précieux. Ainsi
« puissiez-vous en jouir! ne m'abandonnez pas, ne ré-
« duisez pas ma mère, privée des dernières espérances
« de sa vie, à souffrir quelque chose d'indigne d'elle,
« elle qui croit en ce moment qu'elle va me revoir,
« ayant obtenu justice de vous, et qui espère doter ma
« sœur. Si, ce qu'aux dieux ne plaise! vous alliez dé-
« cider contre nous, quels sentiments pensez-vous
« qu'elle aurait, me voyant, non-seulement privé des
« biens paternels, mais devenu infâme et ne pouvant
« plus espérer que ma sœur épousât un de ses parents,
« à cause de la pauvreté où nous serions (1)? » Ce passage,
malgré une certaine surabondance, montre que Démosthène n'était point privé du don précieux de la sensibilité, sans lequel il ne saurait y avoir de grand orateur.
Mais on ne trouverait point dans ses plaidoyers un second exemple d'un développement presque uniquement
pathétique, d'une douleur exhalée en toute liberté, d'une
longue supplication. Il était très-jeune quand il plaida
contre ses tuteurs; l'expérience lui apprit sans doute à
se garder d'un excès qu'on avait pu pardonner une première fois à son âge, mais qui plus tard aurait nui à
ses clients.

(1) C. Aphobe II, p. 940.

Il n'avait pas osé terminer son discours par le passage que je viens de citer. Après avoir ainsi imploré ses
juges, il ajoute un court parallèle entre Aphobe et lui-
même, et finit par promettre de subvenir avec empressement aux charges publiques, s'il rentre en possession
de sa fortune. Nul doute qu'à Rome ou à Paris ce morceau ne lui eût servi de péroraison.

Au contraire, ce pathétique discret et contenu, dont
l'usage lui est familier, peut sans inconvénient se trouver
quelquefois à la fin d'un plaidoyer, pourvu qu'il ne soit
pas tout à fait séparé du résumé et que l'orateur y mêle
des idées graves et religieuses : « Je vous le demande,
« juges, » dit un plaideur après avoir résumé sa
cause (1), « je vous en prie et je vous en conjure, ne
« laissez pas mon fils, qui a été si maltraité par eux, ni
« ses ancêtres encore plus méprisés qu'ils ne le sont
« maintenant, si ceux-ci réussissent dans ce qu'ils
« veulent; mais secourez les lois, prenez soin des morts,
« afin que leur maison ne devienne pas déserte. Si vous
« faites ces choses, votre vote sera juste, conforme à
« votre serment et avantageux pour vous. » Il n'y a pas
là de quoi remuer profondément les cœurs.

Pour le pathétique, Eschine semble avoir été supérieur à Démosthène. Le passage suivant serait digne de
Cicéron : « Devant vous sont ceux qui prieront avec
« moi, mon père, à qui vous n'enlèverez pas l'espé-
« rance de sa vieillesse, mes frères, qui, séparés de
« moi, ne désireraient pas de vivre, mes beaux-frères

(1) C. Macartatos, p. 1079.

« et ces petits enfants qui ne comprennent pas encore
« les dangers, mais qui seraient à plaindre s'il m'arri-
« vait de souffrir quelque chose; je vous demande et
« vous supplie de penser beaucoup à eux et de ne pas
« les livrer à mes ennemis ni à un homme mou et
« féminin par sa colère. Je demande et je conjure de
« me sauver d'abord les dieux, ensuite vous qui êtes
« maîtres du vote, devant qui je me suis défendu de
« chacune des accusations, selon ma mémoire. Je prie
« de me sauver et de ne me livrer pas à un logographe
« ou à un méchant Scythe tous ceux de vous qui sont
« pères ou qui ont souci de frères plus jeunes, se rap-
« pelant que j'ai invité pour toujours à la sagesse par
« l'accusation contre Timarque, et pour les autres, à
« qui je n'ai pas causé d'ennui, étant simple par ma
« fortune et ayant une position ordinaire comme vous,
« seul parmi tous n'ayant pas conspiré contre vous
« dans les luttes politiques, je leur demande mon salut,
« ayant rempli mes fonctions de député avec toute
« bienveillance pour la ville et ayant supporté seul les
« clameurs des sycophantes, que beaucoup de ceux
« qui ont brillé à la guerre n'ont pas soutenues. Car
« la mort n'est pas terrible, mais l'outrage sur notre
« fin est effrayant. Comment ne serait-il pas lamen-
« table de voir le visage d'un ennemi souriant, et d'en-
« tendre ses injures venir à nos oreilles? mais cepen-
« dant on a osé, ma vie est en péril. J'ai été nourri
« parmi vous, j'ai vécu dans votre commerce, aucun
« de vous n'a souffert de mes plaisirs, n'a été privé de
« sa patrie, m'ayant eu pour accusateur devant le
« peuple quand il y avait des votes, et, étant comptable
« de fonctions, je n'ai pas couru de danger. Après

« avoir dit peu de mots, je descends (1). » Je citerai
aussi ce beau morceau à la fois tendre et véhément,
où il raconte la joie de Démosthène à la mort de Philippe, et pour lequel Cicéron semble n'avoir pas assez
d'éloges (2) : « Le septième jour après la mort de sa
« fille, avant d'avoir porté le deuil et célébré les céré-
« monies, s'étant couronné et vêtu de blanc, il sacrifia
« un bœuf et fit des propositions contraires aux lois,
« ayant perdu, le misérable! sa fille unique, la pre-
« mière qui l'eût appelé son père. Et je ne lui reproche
« pas son malheur, mais j'examine sa conduite. Celui
« qui hait ses enfants et qui est mauvais père ne peut
« pas être un bon démocrate, celui qui ne chérit pas
« les êtres les plus tendres et les plus proches ne tien-
« dra pas plus de compte de vous qui lui êtes étran-
« gers, celui qui est méchant particulier ne sera pas
« bon citoyen, celui qui est mauvais chez lui ne sera
« pas vertueux en Macédoine; il change de lieu, non
« de conduite (3). » Dans ce passage la sensibilité fait
d'autant plus d'effet qu'elle se mêle à l'indignation.

On voit comment la nature de l'orateur pouvait encore se donner libre carrière malgré la tyrannie des lois
et de l'usage.

Les autres passions étaient moins redoutées des juges,
et les orateurs pouvaient s'y abandonner plus librement.
Peut-être aussi allaient-elles mieux au génie de Démosthène. On peut voir comment il exprime l'indignation que

(1) Sur l'Ambassade, 22. 55-57.
(2) Tusc., III, 26.
(3) C. Ctésiphon, 2. 29.

lui inspire la conduite de Stéphanos (1). « Cet homme,
« tant que le banquier Aristoloque fut heureux, marchant
« du même pas que lui, le suivait plein de soumission;
« et cela est connu de beaucoup de ceux qui sont ici;
« quand celui-là mourut, en perdant sa fortune, non
« sans avoir été dépouillé par celui-ci et par ses pareils,
« Stéphanos, voyant son fils dans le plus grand embar-
« ras, ne l'assista ni ne le secourut jamais; les secours
« sont venus plutôt d'Apolexis, de Solon et de tous les
« hommes; Stéphanos vit alors Phormion et devint son
« familier, l'ayant choisi parmi tous les Athéniens (2),
« et il fit par mer le voyage de Byzance, comme son dé-
« puté, quand le peuple de cette ville retenait les vais-
« seaux de Phormion; il soutint le procès contre les
« habitants de Chalcédoine; il rendit manifestement un
« faux témoignage contre moi. Eh bien! cet homme,
« qui est le flatteur des heureux et qui les trahit quand
« ils tombent dans le malheur, qui, parmi tant de ci-
« toyens, tous honnêtes, n'en trouve pas un avec qui
« il vive en égal, se soumet volontairement à de tels
« hommes, et, s'il blesse ses amis ou se fait une mau-
« vaise réputation auprès des autres par sa conduite,
« ne s'inquiète guère que de s'enrichir, cet homme, ne
« convient-il pas de le haïr comme le commun ennemi
« de toute la nature humaine? Je puis l'affirmer. Ces
« choses si honteuses, ô Athéniens, il ne craint pas de
« les faire dans l'intention de se dérober à la République

(1) C. Stéphanos I, p. 1120.
(2) Pour comprendre ce qu'il y a de piquant dans cette phrase.
il faut savoir que Phormion était un affranchi.

« et de dissimuler sa richesse, afin de faire par la
« banque des profits cachés, de n'être ni chorége ni
« triérarque, et de ne remplir aucun de ses devoirs.
« Et voilà ce qu'il fait; la preuve, c'est que, étant assez
« riche pour donner cent mines à sa fille, il n'a pas été
« vu par vous subvenant à un seul service public, même
« au plus faible. Cependant combien n'est-il pas plus
« beau de paraître plein d'ambition et d'ardeur pour ce
« que demande la ville que d'être un flatteur et un faux
« témoin? Mais cet homme ferait tout pour gagner de
« l'argent. Et certes, ô Athéniens, ceux qui sont mé-
« chants dans l'opulence sont bien plus dignes de cour-
« roux que ceux qui le sont, se trouvant dans le besoin.
« Pour les uns, la nécessité de la misère leur assure
« quelque indulgence de la part de ceux qui raisonnent
« en hommes. Ceux qui sont pervers à leur aise, comme
« celui-ci, n'ont aucun bon prétexte à donner; c'est par
« amour du lucre, par cupidité, par violence et parce
« qu'ils veulent mettre leur conspiration au-dessus des
« lois qu'ils agissent ainsi; ce qui vous est avantageux,
« ce ne sont pas ces choses, c'est que le faible puisse
« obtenir justice du riche quand il est maltraité; cela
« sera si vous punissez ceux qui sont si évidemment
« méchants sans besoin. »

Apollodore rappelle les conditions sévères mises à
l'acquisition de la cité, et jadis établies pour les Platéens.
Il demande si la courtisane Néæra en sera dispensée (1).
« Il serait étrange que pour recevoir dans la ville des

(1) C. Néæra, p. 1381.

« voisins, des hommes incontestablement les meilleurs
« des Grecs, nous eussions si bien et si exactement dé-
« fini les conditions de ce présent, et qu'on permît à
« une femme, qui s'est publiquement prostituée dans la
« Grèce d'une manière si honteuse et si impudente, de
« faire injure à la ville et d'outrager les dieux sans être
« punie, elle que nos aïeux n'ont pas laissée et que le
« peuple n'a pas créée citoyenne. Car, où n'a-t-elle pas
« trafiqué de son corps? où n'est-elle pas allée pour
« gagner son salaire au jour le jour? ne l'a-t-on pas
« vue dans tout le Péloponèse, en Thessalie et en Ma-
« gnésie avec Simos de Larisse et Eurydamas, fils de
« Midias, à Chios et dans la plus grande partie de
« l'Ionie avec Sotade le Crétois, louée par Nicarète,
« quand elle appartenait à celle-ci? Qu'attendez-vous de
« cette femme qui se livre à d'autres et suit qui la paie?
« N'est-ce pas qu'elle servira toutes les voluptés de ses
« amants? et une telle femme, si connue par tous pour
« avoir fait le tour du monde en se prostituant, vous
« jugeriez qu'elle est citoyenne? et, quand on vous in-
« terrogerait, que diriez-vous avoir fait de bien? de
« quelle honte, de quelle impiété prétendriez-vous
« n'être pas coupable? Car, avant qu'elle ne fût accusée,
« mise en jugement, et que tous ne connussent qui elle
« était et quelles impiétés elle avait commises, ces
« crimes n'étaient que les siens : la ville n'était que
« négligente, et parmi vous, les uns ne savaient rien,
« les autres, connaissant tout, s'indignaient en paroles,
« mais ne pouvaient rien faire contre elle, nul ne la
« mettant en jugement et ne vous donnant à prononcer
« sur elle. Maintenant que vous êtes tous instruits, que
« vous l'avez en votre pouvoir et que vous êtes maîtres

« de la punir, c'est vous qui devenez impies envers
« les dieux, si vous ne la punissez pas. »

Je ne veux pas citer d'autres exemples. Il y a peu de
discours de Démosthène où l'on ne trouve des passages
de ce genre. Ils abondent surtout dans les plaidoyers
politiques. Tout le monde a lu et admiré les magnifiques
invectives que lance l'orateur contre les traîtres, en parlant *sur la Couronne* et *sur l'Ambassade.*

Démosthène exprime souvent son indignation sous
une forme ironique. L'ironie devient en quelque sorte
une passion chez lui. Ordinairement il lui suffit d'un
trait. Il rapporte qu'Androtion a fait fondre les cou-
ronnes offertes jadis aux Athéniens et graver son nom
sur les coupes faites avec l'or qu'il en a tiré. « Ce
« prostitué dont les lois ne permettent pas de recevoir
« la personne dans les temples, son nom est dans les
« temples inscrit sur les coupes; inscription, n'est-il
« pas vrai? bien semblable aux anciennes ou égale-
« ment honorable pour vous (1). » La force de l'ironie
est comme resserrée en une ou deux phrases et s'ac-
croît par la concentration même. Démosthène reproche
à Eschine de venir déplorer les maux des Thébains,
quand il en est l'auteur. « Car il est évident que tu
« t'affliges de ce qui est arrivé, Eschine, et que tu
« prends pitié des Thébains, toi qui as des biens en
« Béotie et qui laboures leurs terres, et que je m'en
« réjouis, moi qui ai été aussitôt réclamé par celui qui
« a fait ces choses (2). » Quelquefois, cependant, l'i-

(1) C. Androtion, p. 616.
(2) Sur la Couronne, p. 239.

ronie se prolonge pendant tout un développement;
c'est ainsi que Démosthène met Philippe en cause,
lui fait expliquer ses plans, annoncer qu'il a besoin d'a-
cheter un orateur (1); il répète sur cette forme toutes
les accusations qu'il a déjà dirigées contre Eschine
et laisse seulement soupçonner son indignation pour
la communiquer plus sûrement aux juges.

L'orateur s'élève à la plus haute éloquence, lorsque,
abandonnant l'ironie, ses sentiments, longtemps con-
tenus, font enfin explosion. Il se rappelle que, avant
d'avoir fait la connaissance de Philippe, Eschine, lui
aussi, dénonçait les traîtres et donnait aux Athéniens
des conseils dignes de leurs aïeux. « Quand il fut allé
« en Macédoine et qu'il eût vu son ennemi et celui des
« Grecs, Philippe, tint-il un langage semblable ? Il s'en
« faut de beaucoup; il ne se souvint plus des aïeux,
« ne parla plus des trophées, ne secourut plus personne,
« et quand on vous engageait à délibérer avec les Grecs
« sur la paix à faire avec Philippe, il s'étonnait qu'il
« fallût persuader autrui sur vos propres intérêts; il
« attestait Hercule que Philippe était le plus grec des
« hommes, qu'il excellait dans l'art de la parole, qu'il
« chérissait les Athéniens, disant qu'il y avait dans la
« ville des hommes assez insensés et assez pervertis
« pour ne pas rougir de l'injurier et de le traiter de
« barbare. Comment, après avoir dit ce que j'ai rapporté
« plus haut, le même homme eût-il osé tenir un tel
« langage s'il n'avait été corrompu ? Quoi donc! est-il
« personne, qui, ayant maudit Atrestide à cause des

(1) Sur l'Ambassade, p. 444.

« fils et des filles des Olynthiens, eût pu ensuite s'asso-
« cier à Philocrate? à Philocrate qui avait amené ici
« les femmes libres des Olynthiens pour les déshonorer
« et qui est si connu par sa vie infâme que je n'ai pas
« besoin de vous rien dire de honteux ni d'odieux sur
« son compte, qu'il me suffit de rappeler que Philocrate
« amena des femmes, pour que vous compreniez tous,
« vous et ceux qui vous entourent, ce qui suivit, pour
« que vous preniez en pitié, j'en suis sûr, ces pauvres
« et misérables femmes, dont Eschine n'a pas eu com-
« passion et qu'il a vues insultées chez des alliés par
« des ambassadeurs, sans pleurer sur la Grèce (1)! »
L'orateur paraît faire d'abord des efforts pour renfermer
sa généreuse douleur; mais elle se trahit sans cesse,
enfin elle lui échappe, elle triomphe en quelque sorte
de lui-même, et il semble qu'une force supérieure lui
arrache l'involontaire et sublime expression de ses sentiments.

J'ai déjà parlé du puissant empire que l'amour de la
patrie exerçait sur l'âme des anciens. Chez eux, ce n'était
pas seulement un sentiment, c'était une passion, passion
compliquée, où se réunissaient l'affection pour le sol natal,
l'attachement aux institutions des ancêtres, une respec-
tueuse admiration pour leurs exploits, un ardent désir
d'égaler leur gloire, pour ne pas laisser déchoir leur nom,
une tendre reconnaissance pour les citoyens morts sur les
champs de bataille, et qui s'exprimait dans un langage
élevé, animé, toujours noble, souvent pathétique, quelquefois sublime. C'est cette passion, la plus vive de toutes

(1) Sur l'Ambassade, p. 439.

peut-être pour un Démosthène, qui lui a inspiré les plus belles pages de ses harangues comme de ses plaidoyers politiques, et, entre autres, ce serment immortel, éloquemment traduit par M. Villemain (1) : « Cet homme « qui incrimine tout et vous ordonne d'être implacable « pour moi, comme pour l'auteur des alarmes et des « dangers de la ville, en même temps qu'il aspire à me « dépouiller, dans le présent, d'un titre d'honneur, il « vous arrache à tout jamais votre gloire; car si, par « cette considération que ma politique n'a pas été la « meilleure, vous condamnez Ctésiphon, vous paraîtrez « avoir failli vous-mêmes dans le passé et non pas seu- « lement avoir succombé à la malignité de la fortune. « Mais il n'en est pas ainsi; non, vous n'avez pas failli, « hommes athéniens, en ayant choisi le parti du péril « à braver pour l'indépendance et le salut de tous. Non, « je le jure par ceux qui se hasardèrent les premiers à « Marathon, et par ceux qui étaient rangés en bataille à « Platée, et par ceux qui combattirent à Salamine et « aussi à la journée d'Artémise, et par beaucoup d'autres « gisant aujourd'hui sous la pierre de nos monuments « publics, vaillants hommes que la ville, les jugeant « dignes du même honneur, a tous également ense- « velis, ô Eschine ! et non pas ceux-là seulement qui « avaient triomphé; elle était juste en cela; car l'œuvre « des hommes de cœur, tous l'avaient accomplie; mais ils « avaient eu la part de destinée que le dieu avait faite à « chacun d'eux. » Il est vrai que cette passion, qui est d'une espèce particulière, produit aussi un effet parti-

***

(1) Démosthène et le général Foy. — Sur la Couronne, p. 297.

culier; elle touche moins le cœur qu'elle n'élève, qu'elle ne transporte l'esprit par sa naturelle puissance. Elle ne faisait pas pleurer les Athéniens, mais elle les eût décidés, s'il en eût été temps encore, à tout sacrifier pour la patrie. C'est le propre du sublime chez l'orateur et chez le poète de faire pour un temps de nobles caractères de tous ceux qui les écoutent.

L'on retrouve dans tous les discours de Démosthène, quels qu'ils soient, cette vie de l'éloquence qu'on appelle la passion, avec les différences qu'exige la différente nature des sujets qu'il traite. La passion ne consiste pas seulement dans ces mouvements par lesquels elle fait connaître son existence, dans ces éclats par lesquels elle se manifeste et se communique à la fois. Elle consiste aussi dans une chaleur continuelle qui anime tout le discours et sans laquelle il n'y a pas d'éloquence possible; il faut que la passion soit comme répandue dans le corps de la plaidoirie. A cette condition, l'orateur est sûr d'exercer une puissante influence sur l'esprit de ses auditeurs, quand même la cause qu'il plaide ne lui fournirait pas l'occasion de s'abandonner à ces grands mouvements dont je parlais. Il ne peut prendre à témoin les soldats de Marathon, lorsqu'il défend les droits d'un client obscur à une hérédité; mais il n'est pas de question qu'il soit tenu de traiter froidement. Le même argument fait impression sur l'esprit des juges ou les laisse indifférents, selon qu'il est présenté par l'avocat lui-même avec une chaleur communicative ou avec une indifférence qui ne l'est pas moins. Tout dépend de la manière dont la conception s'opère dans l'esprit de l'orateur. La psychologie peut bien distinguer les facultés de l'âme, mais elle n'a pas le pouvoir de les diviser; leur travail est simultané, la sensibilité n'attend pas pour agir que la raison ait terminé sa tâche, ou bien elle n'agit pas. Si elle reste muette au moment où les idées se présentent à l'esprit, il faut renoncer à devenir orateur. Cette faculté de s'émouvoir en raisonnant et de porter dans l'argumentation une passion ardente, mais contenue, n'a peut-être appartenu à aucun orateur au même degré qu'à Démosthène, et c'est par là qu'il est supérieur aux autres orateurs. Le raisonnement et la passion se confondent entièrement chez lui.

CHAPITRE V.

DE LA NARRATION ET DU RAISONNEMENT.

Il ne suffit pas de réunir un certain nombre de faits et d'idées, de savoir se concilier la bienveillance des juges ou leur communiquer les sentiments dont on est soi-même animé. Les faits et les idées ne sont que la matière que l'orateur doit mettre en œuvre; jamais il n'oserait avouer qu'il se préoccupe uniquement des mœurs et des passions. Il prétend avant tout soutenir la vérité; il cherche à faire connaître aux juges ce qu'il croit ou ce qu'il dit être la vérité.

Il y a deux manières de faire connaître la vérité : on l'expose et on la prouve : elle se montre dans la narration et se démontre par le raisonnement.

Au premier abord il semble que la narration ait peu d'autorité, quand elle n'est pas accompagnée de la preuve; est-il possible de croire un plaideur sur parole? Cette partie du discours n'est point cependant à dédaigner, et il n'en était pas qui fût traitée avec plus de soin

par les orateurs de l'antiquité. Elle occupe en général
la première place après l'exorde. C'est au moment où il
s'agit de gagner définitivement, sinon le cœur, au moins
la confiance du juge, que l'orateur expose les faits.
Il lui importe beaucoup de faire cette exposition de manière à la rendre vraisemblable : le juge, après l'avoir
entendue, ne saurait pas encore être convaincu, mais
il peut être disposé à croire que la démonstration ne
sera pas difficile, et la conviction doit être préparée
dans son esprit pour s'y opérer plus vite et plus aisément. Il conçoit une idée bonne ou mauvaise du caractère des plaideurs, d'après le ton de ceux-ci et selon le
plus ou moins de sincérité qu'il pense reconnaître en
eux. Les faits peuvent être en partie favorables, en partie
contraires au plaideur; une disposition habile met en
relief les premiers et dissimule les seconds ou atténue
ce qu'ils contiennent de défavorable. Les narrations devaient avoir enfin une importance singulière chez les
Athéniens, devant ces juges habitués à suivre docilement
leurs premières impressions et trop enclins à se passer
de preuves rigoureuses.

Les orateurs attiques ont excellé dans l'art, plus dif-
cile peut-être qu'il ne paraît d'abord, de faire des narrations vraisemblables. Ce fut entre autres le principal mérite de Lysias (1). La vraisemblance est à la fois dans les
faits qu'il rapporte, dans la manière dont il les dispose,
dans le ton sur lequel il les raconte. On dirait qu'il ne
cherche ni à émouvoir ni à convaincre, mais seulement

(1) M. Girard, *loc. cit.*, p. 11 et 29.

à instruire : il fait en quelque sorte abstraction de lui-même; ce sont les faits qui parlent à sa place; il suit l'ordre chronologique; il ne néglige rien, mais il ne fait rien ressortir avec affectation. On se persuade qu'il est impossible que les choses se soient passées autrement. Son langage simple et naturel est celui de la vérité même.

Les narrations de ce genre ne manquent pas dans les discours de Démosthène, surtout dans les plaidoyers qu'il compose pour d'autres. Apollodore accuse Callippe d'avoir réclamé une somme d'argent qui ne lui apparte-nait pas : « Ce Callippe vient à la banque, demandant « si l'on connaissait Lycon d'Héraclée; Phormion ayant « répondu qu'on le connaissait : Est-ce qu'il était votre « client? — Oui, répond Phormion; mais pourquoi le « demandes-tu? — Pourquoi, dit-il; je vais te le dire. « Il est mort; je suis le proxène des citoyens d'Héraclée. « Je te prierai de me montrer son compte, afin que je « voie s'il a laissé quelque argent; car mon devoir est « de m'occuper de tous les citoyens d'Héraclée. Phor- « mion l'ayant entendu, ô juges, lui montra aussitôt le « compte, et quand il le lui eût montré, Callippe l'ayant « lu, et aucun autre, y vit cette inscription : Lycon « d'Héraclée : mille six cent quarante drachmes doivent « être rendues à Céphisiadès. Archibiadès de Lamprée « doit présenter Céphisiadès. Alors il se retira en silence « et resta plus de cinq mois sans rien dire. » Apollo-dore raconte ensuite que Céphisiadès se fit présenter à son père et toucha l'argent. « Quelque temps après « Callippe ayant rencontré mon père dans la ville, lui « demanda si Céphisiadès, à qui l'inscription ordonnait « de rendre l'argent laissé par Lycon d'Héraclée, était

« encore dans Athènes. Mon père ayant répondu qu'il
« le croyait, mais qu'au reste il n'avait qu'à descendre
« au Pirée pour s'en assurer : Sais-tu, lui dit-il, ô Pa-
« sion, ce que je vais te demander (et par Jupiter, Apol-
« lon et Cérès, je ne vous mentirai pas, ô juges, mais
« je vous raconterai ce que j'ai entendu dire à mon père)?
« Tu peux, lui dit-il, me rendre service sans te faire de
« tort. Je suis proxène des citoyens d'Héraclée : tu ai-
« merais mieux, je pense, voir l'argent me revenir,
« qu'à un métèque, à un habitant de Scyros, à un
« homme de rien. Voici ce qui est arrivé : Lycon n'a-
« vait pas d'enfant et n'a laissé chez lui aucun héritier,
« à ce que j'ai appris. En outre, quand il a été conduit
« à Argos, après avoir été blessé, il a donné à Stram-
« ménos, le proxène des Héracléens dans Argos, l'argent
« qui y avait été transporté avec lui. Je puis bien prendre
« aussi ce qu'il avait à Athènes, et je crois que cela est
« juste. Toi, si Céphisiadès ne s'en est pas encore mis en
« possession, dis-lui, quand il viendra, que j'y prétends ;
« s'il s'en est déjà mis en possession, dis-lui que j'ai
« demandé devant témoins à faire représenter ou l'ar-
« gent ou celui qui l'avait emporté, et que s'il veut
« m'enlever quelque chose, c'est à un proxène qu'il l'en-
« lèvera. Quand il eut fini. Pour moi, dit mon père,
« ô Callippe, je veux te faire plaisir, car autrement je
« serais insensé ; cependant je désire que ce soit sans
« passer moi-même pour un méchant et sans me com-
« promettre par cette affaire. Je veux bien en parler à
« Archibiadès, à Aristonoüs, et même à Céphisiadès ;
« cependant s'ils n'en veulent rien faire, quand je leur
« aurai parlé, adresse-toi alors toi-même à eux. Assu-
« rément, dit-il, ô Pasion, si tu le veux, tu les for-

« ceras à y consentir (1). » J'ai cité ce passage, quoiqu'il ne renferme rien de saillant, ou plutôt parce qu'il
ne renferme rien de saillant : il fait comprendre ce que
les anciens entendaient par la vraisemblance; l'orateur
s'efface et disparaît derrière son récit; a-t-il à rapporter
une conversation, il la reproduit en termes exprès, sans
omettre ce qu'il peut y avoir d'inutile et de languissant;
il n'ose même pas employer la forme du discours indi-
rect, qui pourrait rendre suspecte sa bonne foi. Apollodore parle d'une proposition au moins indélicate faite
à son père; il ne s'en indigne pas; il répète tranquille-
ment la tranquille réponse de Pasion. Comment les
juges pourraient-ils ne pas ajouter foi à ses paroles?

Au reste, le peu de scrupule que les orateurs se faisaient d'altérer les faits les mettait à l'aise pour arriver
à la vraisemblance. Quintilien disait encore : « Il ne
« faut pas moins nous efforcer de faire croire aux juges
« ce que nous disons de vrai que ce que nous inven-
« tons (2), » et, en reconnaissant qu'il y avait une égale
nécessité de rendre le mensonge et la vérité vraisemblables, il semblait accorder à l'orateur le droit d'employer
indifféremment l'un ou l'autre.

Aristote recommande à l'orateur de ne pas oublier
les mœurs dans sa narration (3). La vraisemblance
elle-même en tient lieu. Rien de plus propre à faire
passer le plaideur pour un homme honnête et digne
d'estime que ce ton naturel, ce respect pour les

(1) Contre Callippe, p. 1238 et 1239.
(2) IV, 2.
(3) Rhét., III. 16.

moindres apparences de la vérité. Les faits que l'on
expose peuvent fournir en outre l'occasion de se
montrer sous un jour favorable : l'avocat ne la laisse
pas échapper. « Mon père, dit Mantithée (1), me per-
« suada aussitôt, à l'âge de dix-huit ans, d'épouser la
« fille d'Euphémos, voulant voir des enfants nés de moi.
« Pour moi, ô juges, croyant en tout temps et surtout
« depuis que ceux-ci le chagrinaient par leurs procès
« et par les embarras qu'ils lui suscitaient, devoir faire
« au contraire tout ce que je saurais lui être agréable,
« je lui obéis. Mon mariage s'était ainsi conclu; il me
« vit naître une petite fille, et quelques années après,
« étant tombé malade, il mourut; moi, ô juges, du vi-
« vant de mon père, j'avais cru devoir ne le contre-
« dire en rien, et, quand il fut mort, je reçus ceux-ci
« dans la maison et les admis à partager toute la for-
« tune, non à titre de frères, car la plupart d'entre
« vous n'ignorent pas comment ils le sont devenus,
« mais croyant qu'il m'était nécessaire, puisque mon
« père avait été trompé, d'obéir à vos lois. » Mantithée
fait voir sa tendresse pour son père, l'obéissance avec
laquelle il suivait les ordres de celui-ci, le respect qu'il
a gardé pour sa mémoire.

L'habileté ne manque pas à ces récits, tout simples
qu'ils veuillent paraître. Une circonstance qui semble
insignifiante est placée et presque perdue au milieu
d'une narration : on la retrouve plus loin, servant à la
démonstration. L'orateur profite de ce que les juges
l'ont acceptée sans difficulté, en raison même du peu

(1) C. Bœotus II, p. 1011.

d'importance qu'ils y attachaient. Dans Lysias, le meurtrier d'Eratosthène raconte que, le jour où il a surpris
Eratosthène avec sa femme, il avait invité à dîner un
de ses parents qu'il avait rencontré dans la ville et qui
rentrait à une heure où il n'eût trouvé personne chez
lui (1). On croit d'abord que ce détail sans intérêt est là
uniquement pour montrer combien ses souvenirs sont
précis; mais plus loin il prouve qu'il n'a point attiré
Eratosthène dans un piège, car alors il se fût ménagé
d'avance des témoins et ne se fût pas remis au hasard
du soin de lui procurer un convive (2). Démosthène
prétend que le commerçant Phormion veut se dispenser
de rendre de l'argent emprunté par lui en alléguant un
naufrage où il n'a rien perdu; il raconte que le vaisseau
s'était en effet brisé, que la perte avait été immense, et
il ajoute : « Le Bosphore étant plongé dans le deuil, dès
« qu'on apprit le désastre du vaisseau, tout le monde
« félicitait Phormion de ce qu'il n'avait emporté ni
« envoyé rien sur ce navire (3). » Il s'autorise de l'o-
pinion de tout un peuple, confirmée par Phormion qui
acceptait ces félicitations.

La vraisemblance même aurait à souffrir si jamais
l'orateur ne quittait ce ton calme et un peu froid; il
est tel fait qu'on ne peut raconter sans émotion, sans
indignation même. Les juges ne s'étonnent point que
l'on ne se possède pas quand on rapporte les injures
qu'Eschine et ses collègues ont fait subir à une jeune

---

(1) Lysias, pour le meurtre d'Eratosthène, 2. 6.
(2) Id., ibid., 59.
(3) C. Phormion, p. 910.

Olynthienne (1), les traitements indignes que des citoyens malheureux ont endurés de la part d'Androtion (2). C'est surtout dans les plaidoyers publics que
l'on trouve ces narrations qu'on peut appeler oratoires,
où l'avocat se préoccupe singulièrement d'exciter les
passions. Mais, il faut le remarquer, ces narrations ne
sont point celles où l'orateur expose la cause même
qu'il plaide, il ne compromet point son succès en s'a-
bandonnant indiscrètement à son émotion : il faut
qu'il ait déjà prouvé les faits principaux qu'il avance.

Il arrive quelquefois que la narration se confonde avec
l'argumentation même, que l'orateur raconte et discute,
expose et prouve à la fois. Ce qu'il y a d'important alors,
c'est la discussion, c'est la preuve. La narration perd
son caractère pour devenir l'instrument de la démonstration. Il ne faut plus demander à l'orateur un simple
récit des faits. Ainsi, dans le discours *sur la Couronne*,
Démosthène commence par exposer l'état des affaires de
la Grèce au moment où la paix a été conclue avec Philippe; il s'interrompt presque aussitôt pour se justifier
d'avoir été l'auteur de cette paix, pour en faire retomber
la responsabilité sur les traîtres, pour reprocher à
Eschine de n'avoir pas formé plus tôt son accusation (3).
Il cite une lettre de Philippe et montre immédiatement
qu'elle avait été écrite par les conseils d'Eschine en vue
d'éblouir les alliés (4). Il en est de même pendant tout

(1) Sur l'Ambassade, p. 401.
(2) C. Androtion, p. 609.
(3) Sur la Couronne, p. 232.
(4) Ib., p. 234.

le discours. Rien de plus naturel. Ce qui pouvait donner lieu à des doutes, ce n'étaient pas les faits ; la narration n'aurait eu qu'une médiocre utilité si elle eût servi simplement à rendre vraisemblables pour les Grecs les malheurs dont ils connaissaient trop bien la vérité. C'était sur la manière d'apprécier les faits qu'on pouvait différer ; Démosthène avait à démontrer que la politique, suivie par Athènes sous son inspiration, était la seule juste et glorieuse, bien qu'elle eût abouti à une défaite irréparable. Aussi pouvait-il, sans danger, déployer librement toute son éloquence et, pour suivre sa démonstration, même quand il ne faisait que raconter les tristes événements dont Eschine voulait lui faire supporter la peine.

La démonstration, chez Démosthène, a ce double caratère qu'elle est à la fois rigoureuse et passionnée. Locke dit très-bien : « Chaque degré de la déduction doit avoir « une évidence intuitive. Au reste, à chaque pas que la « raison fait dans une démonstration, il faut qu'elle « aperçoive, par une connaissance intuitive, la conve- « nance ou la disconvenance de chaque idée qui lie en- « semble les idées entre lesquelles elle intervient, pour « montrer la convenance ou la disconvenance des deux « idées extrêmes (1). » Voilà à quoi tient la rigueur de la démonstration ; il faut que ceux qui la suivent aperçoivent et soient forcés d'accepter comme vraies les propositions par lesquelles elle s'opère ; l'orateur doit craindre d'omettre dans son discours une idée intermédiaire, présente d'ailleurs à son esprit, et qui rend pour lui son

(1) Essai sur l'Entendement humain, liv. IV, ch. 11, §. 7. — Trad. de Coste, revue par Thurot.

raisonnement invincible, mais que ses auditeurs ne peuvent connaître s'il ne l'énonce pas, et à défaut de laquelle leur intelligence refuse d'admettre la vérité de son raisonnement; il doit éviter avec un soin plus grand encore d'accepter lui-même une idée qui ne contiendrait pas réellement ce qu'il a besoin d'y trouver, et qui, entre les mains d'un adversaire, pourrait servir à ruiner la démonstration dont elle devait être l'indispensable appui. Toutes les parties d'une bonne démonstration sont indissolublement et comme nécessairement unies les unes aux autres. Si l'on veut en ôter une seule, le raisonnement devient incomplet; si l'on veut en changer une seule, il devient faux.

Mais le raisonnement peut être parfaitement exact et complet, sans être passionné. C'est le propre du grand orateur de l'animer en le concevant et en le formant avec chaleur, soit qu'il s'intéresse vivement à la cause où il l'emploie, soit que, possédé d'un puissant amour de la vérité, il ne puisse rester froid au moment où il va la découvrir et la faire connaître. Il y avait en outre chez les Athéniens une raison particulière pour que la passion fût unie au raisonnement, on l'avait exclue de tout le reste du discours; on l'avait bannie de la narration, dans l'intérêt de la vraisemblance, de la péroraison dans l'intérêt de la justice; il fallait qu'elle trouvât accès quelque part.

Démosthène a été à la fois un vigoureux logicien et un grand orateur. Je ne sais si je me trompe, mais il me semble que chez lui la passion n'a fait que servir utilement la raison et rendre la dialectique plus redoutable. En effet, ce n'est pas toujours en réfléchissant froidement qu'on trouve les meilleurs arguments et qu'on apprend à les développer. Quand l'homme, sous l'empire d'un sentiment puissant, cherche les moyens de prouver qu'une idée est juste, qu'un plan est utile, l'ardeur qu'il apporte à sa recherche lui en garantit presque le succès : l'intérêt qu'il a ou qu'il se crée dans ce travail rend toujours son esprit plus prompt et quelquefois son jugement plus sûr ; il aperçoit plus vite ce qui peut être dit dans un sens ou dans l'autre, et, craignant de se livrer sans défense à un habile adversaire, sait mieux discerner dans les arguments qui se présentent à lui ce qu'ils renferment de contraire à sa cause. C'est l'indifférence qui rend superficiel. Rien de plus vrai que ce mot de Vauvenargues : « Les passions « ont appris aux hommes la raison (1). » Et quelle différence au jour de l'audience entre un Démosthène et un orateur condamné par la nature de son génie à raisonner froidement ! Celui-ci se traîne au travers des démonstrations qu'il présente et des objections qu'il réfute ; il marche péniblement ; il semble se méfier ou de lui-même ou de son opinion. Celui-là, également sûr de ses propres forces et de sa cause, va droit au but, démasque, écarte ou renverse tous les obstacles qui lui sont opposés ; on dirait qu'il sent en lui une puissance devant laquelle tout doit céder et que ses auditeurs seront forcés de subir. Pour qu'un esprit soit convaincu, il faut qu'il connaisse, qu'il embrasse, qu'il possède toute la série des preuves qui ont concouru à la démonstration, ou qu'il croie du moins les connaître et les posséder. Une longue argumentation qui n'est pas soutenue

(1) Vauvenargues, Réflexions et Maximes, 104.

par la passion fatigue les auditeurs; ils ne peuvent la suivre, et, comme elle les laisse parfaitement maîtres d'eux-mêmes, ils ne se font pas illusion au point de s'imaginer qu'ils soient éclairés et convaincus, quand ils ne le sont pas. La passion réveille leur attention et donne une force nouvelle à leurs facultés comme à celles de l'orateur : si quelque chose leur échappe encore, ils ne s'en aperçoivent pas, le sentiment qui les domine ne leur permettant point de reconnaître la lacune dont la raison aurait à se plaindre. Tel est l'effet qu'on éprouve en lisant Démosthène.

Je ne puis descendre dans le détail des procédés que les grammairiens ont trouvés ou cru trouver dans les discours du grand orateur, examiner les trois sortes d'enthymèmes, chercher d'où il tire les épichérèmes et comment il les met en œuvre, rapporter les divers arguments qui s'élèvent les uns sur les autres avec les noms qu'a reçus chacun d'eux. Je ne ferais que copier les observations moins utiles que curieuses d'une rhétorique de décadence : je n'étudierais pas les discours de Démosthène.

Le modèle de l'argumentation est dans le passage du discours *sur la Couronne* où Démosthène démontre qu'il était impossible de suivre une autre politique que la sienne. Après avoir rappelé quel était l'état de la Grèce à l'époque où les Athéniens engagèrent la lutte contre Philippe, il demande aux juges s'il fallait s'unir aux Macédoniens comme les Thessaliens et les Dolopes, ou demeurer tranquilles spectateurs de leurs progrès, comme les Arcadiens, les Messéniens et les Argiens. Mais les uns et les autres sont plus malheureux qu'Athènes elle-même, mais la complicité et la neutra-

lité étaient honteuses, Philippe, après sa première victoire, fût-il rentré en Macédoine, sans former d'autres
projets contre les Grecs, à plus forte raison quand il
menaçait la gloire, la liberté, la constitution même de
toutes les républiques. Que devait faire Athènes parmi
toutes les autres villes? Philippe, un barbare, sacrifiait
tout pour arriver au premier rang ; personne n'oserait
dire que le rôle d'Athènes était d'oublier son antique
gloire pour vendre la liberté des Grecs. En outre, Philippe se permettait des agressions continuelles contre
la République ; il était même arrivé jusqu'aux portes de
la ville et semblait près d'envahir toutes ses possessions.
C'était lui qui violait les traités de paix. Après l'intérêt,
l'honneur ; après l'honneur, la nécessité. « Fallait-il,
« oui ou non, qu'il parût quelqu'un des Grecs qui l'em-
« pêchât de faire ces choses? S'il ne le fallait pas, mais
« qu'on dût voir la Grèce devenir, comme on dit, la proie
« des Mysiens, du vivant et en présence des Athéniens,
« j'ai perdu ma peine en parlant sur ces choses, la
« ville a perdu la sienne en suivant mes conseils; que
« toutes les injustices, que toutes les fautes qui ont été
« commises soient miennes. Mais s'il fallait qu'il se pré-
« sentât un adversaire, quel autre devait-il être que le
« peuple Athénien. Voilà donc ma politique; voyant que
« Philippe asservissait tous les hommes, je me suis
« opposé à lui en vous avertissant et en vous conseil-
« lant de ne le laisser pas accomplir ces choses (1). »
    Les plus nobles facultés ne peuvent se déployer dans
tout leur éclat qu'autant qu'une cause digne d'elles

---

(1) Sur la Couronne, p. 245 — 249.

leur en fournit l'occasion. On ne saurait retrouver la
même éloquence dans les discours privés. Mais on y
retrouve ordinairement la même logique et la même ardeur. Démosthène s'anime même pour autrui. Il n'est
pas nécessaire qu'on ait un intérêt direct, personnel
dans une cause pour s'y intéresser. Sans parler des relations qui peuvent exister entre l'avocat et son client, la
passion naît de l'étude du sujet et du travail de la conception.

La forme des raisonnements peut en augmenter encore la force. Démosthène excelle dans la manière de les
présenter. Souvent il sert de l'antithèse, l'une des figures
qui saisissent le plus sûrement l'esprit des auditeurs. Il
lui arrive même de présenter toute une argumentation
en un série d'antithèses (1). Chez lui, l'antithèse est moins
un ornement du style qu'une manière de raisonner.

Il fait un usage plus fréquent encore du dilemme. Il
se plaît à enfermer ses adversaires dans un cercle dont
ils ne puissent sortir : « Si tu as fait, ô Midias, les choses
« que rapportent tes compagnons de cavalerie, et que
« tu les accuses de dire sur ton compte, c'est justement
« que tu as eu mauvaise réputation; car tu blessais par
« une injustice et tu couvrais de honte et ceux-là et
« ceux-ci, et la ville tout entière. Si quelques-uns ont
« imaginé ce mensonge contre toi sans que tu eusses
« rien fait, et que les autres soldats, au lieu de les blâ-
« mer, t'aient insulté, il est évident que c'était le reste
« de ta vie qui te faisait paraître digne d'une telle répu-
« tation; il fallait donc te conduire plus honnêtement

(1) Contre Phormion, p. 915.

« et non pas accuser ceux-là (1). » C'est sous la forme
du dilemme que Démosthène présente toujours la démonstration qu'il veut faire imposer par les juges à son
adversaire : « Montre aux juges l'une de ces deux choses,
« ou que le contrat n'est pas valable pour nous, ou qu'il
« n'est pas juste que tu t'y conformes en tout (2). » Dans
ce cas, l'un des termes de ce dilemme est habituelle-
ment un non-sens. Quelquefois un dilemme est en quelque sorte greffé sur un autre. Apollodore prétend que
c'était à lui de demander l'ouverture du testament de
son père; « Afin que si j'y voyais écrites des choses dif-
« férentes de celles qui sont attestées par ceux-ci, invo-
« quant aussitôt de nombreux témoins dans l'assistance,
« je me servisse de cette preuve pour montrer que le
« reste aussi était faux; que si ces choses s'y trouvaient,
« je pusse prendre à témoins celui qui apportait le
« testament, et que s'il voulait déposer, il fût respon-
« sable envers moi; s'il s'y refusait, cela me servît en-
« core de preuve pour montrer que la chose avait été
« fabriquée (3). »

La réduction à l'absurde convenait aussi parfaitement
à ce génie de Démosthène, auquel l'ironie était si fami-
lière. Aristide place la réduction à l'absurde parmi les
moyens qui donnent au style cette qualité qu'il appelle
Βαρύτης et qui consiste à frapper fort (4). On en rencontre
à chaque instant des exemples dans tous ses plaidoyers,

(1) Contre Midias, p. 558.
(2) Contre Dionysiodore, p. 1296.
(3) Contre Stéphanos I, p. 1105.
(4) Rhétorique I, Περὶ Βαρύτητος, 7.

aussi bien dans les discours *sur la Couronne* et *sur l'Ambassade* que dans les discours privés.

On peut observer que ces formes d'argumentation, dont Démosthène se sert le plus volontiers, sont celles qui se prêtent le mieux à cet accord de la logique et de la passion, particulier à son éloquence. Le raisonnement s'y trouve résumé et concentré de la manière qui doit produire le plus d'effet. Il est facile à comprendre, même pour des esprits moins prompts que ceux des Athéniens, et il laisse chez les auditeurs une impression aussi vive que l'a été celle de l'orateur lui-même.

Faut-il pousser l'admiration pour Démosthène jusqu'à prétendre que tous ses raisonnements sont invincibles, qu'il n'a jamais cherché à prouver que la vérité et qu'il l'a toujours établie d'une manière irréfutable? Non, sans doute. Les subtilités et les sophismes ne sont pas rares dans ses écrits, et l'on peut facilement le convaincre d'erreur, en admettant qu'il ait commencé par s'abuser soi-même, quand il avait recours à de tels moyens. Qu'est-ce que des raisonnements de ce genre: Phormion a violé la loi qui défend de se rendre témoignage à soi-même, car il a suborné des témoins, et par leur intermédiaire il dépose indirectement en sa faveur (1). — Timocrate a présenté une loi pour que les débiteurs du trésor public pussent conserver leur liberté pendant un certain temps en donnant caution; sa loi s'applique aux citoyens qui se trouvaient débiteurs au moment où elle a été portée :

(1) C. Stéphanos II, p. 1131.

donc elle a un effet rétroactif (1). — Antrotion se plaint
qu'on parle de ses mauvaises mœurs, quand il est
poursuivi pour illégalité; il aurait lieu de s'indigner, si
ses adversaires avançaient des accusations étrangères
au sujet; mais ils l'accusent d'avoir violé la loi; or par
sa vie il viole la loi qui lui interdit la tribune (2)?

Faut-il donc penser que Démosthène ne [savait pas
discerner une bonne raison d'une mavaise et qu'il employait indifféremment tous les arguments qui s'offraient
à lui sans se demander s'il ne fournissait pas ainsi des
armes à son adversaire? Cela serait difficile à croire.
On peut expliquer autrement l'usage regrettable qu'il
fit trop souvent des sophismes dont sa forte raison ne
pouvait se payer. D'abord il y a de mauvaises causes,
et quand on a commis la faute de les accepter, il faut
les plaider comme on peut; à défaut de raisons solides,
on est réduit à en chercher de spécieuses. La passion,
qui peut éclairer, peut aveugler aussi. Le sophisme répugne aux cœurs honnêtes parce qu'ils ne veulent pas
tromper, et aux esprits droits parce qu'ils sentent pour le
faux une notable aversion. Il ne faut pas demander aux
avocats grecs cette honnêteté de cœur, cette délicatesse
de conscience, qu'effraie l'emploi d'un mauvais moyen, et
qui ne s'accommode pas plus des mensonges de la logique que des autres : qui peut altérer les faits peut altérer
aussi les démonstrations. La parfaite rectitude de l'esprit
n'était pas non plus le partage de ce peuple habitué aux
plus subtiles discussions, et exposé par la promptitude

(1) C. Timocrate, p. 714.
(2) C. Androtion, p. 600.

et par la finesse même de son intelligence à toutes les séductions des sophismes. Il semble que les juges voulaient qu'on leur fournît beaucoup de raisons, bonnes ou mauvaises, comme il fallait qu'on leur présentât un grand nombre de témoins, vrais ou faux; il devait leur arriver souvent de compter au lieu de peser. Il ne faut pas oublier que les sophistes avaient exercé une grande influence sur Athènes, qu'ils avaient appris aux jeunes gens l'inépuisable fécondité et l'insaisissable subtilité des raisonnements. Démosthène avait reçu des leçons du dialecticien Eubulide (1), et l'on peut dire qu'il en avait profité. Au reste, c'est surtout dans les discours de sa jeunesse qu'on remarque en trop grand nombre ces sophismes, où il fait briller un esprit ingénieux. En avançant en âge, il paraît n'avoir gardé que ce qu'il y avait d'utile et de sérieux dans l'art dont Eubulide lui avait enseigné les préceptes. Dans le discours *sur la Couronne*, il ne reste plus qu'à admirer des ressources sans nombre et une insurmontable vigueur de logique. Peut-être dut-il en partie ces ressources et cette vigueur aux longs exercices auxquels il avait consacré sa jeunesse et dont nous trouvons la trace dans les subtilités même des premiers plaidoyers. La dialectique a un avantage et un inconvénient : l'avantage, c'est de former l'esprit, de l'habituer à la discussion, de lui donner cette « incroyable « rapidité de mouvements » que Cicéron attribue au poète et qui appartient aussi au logicien; l'inconvénient,

---

(1) Taylor (Prolegomena ad Demosthenem) cite ce fait en s'appuyant sur l'autorité de Photius, Cod. 265, Diog. Laert, in Eschine, — Plutarque, vies des X orateurs.

c'est de l'accoutumer à raisonner sur toutes choses, à prendre indifféremment l'erreur et la vérité pour sujet d'exercice, et de lui enlever le discernement. Le travail assura l'avantage à Démosthène ; la sûreté naturelle de sa raison le préserva de l'inconvénient.

Démosthène a l'habitude de résumer sa narration et son argumentation, quand elles sont ou longues ou importantes. Il ne se contente pas de l'épilogue qui tient souvent chez les Grecs la place de la péroraison. Dans le corps même du discours, il répète brièvement les idées principales qui n'ont pu, la première fois, se graver assez profondément dans la mémoire des juges ou produire dans leur esprit une conviction assez complète : on trouve quelquefois jusqu'à deux résumés de suite (1). La plupart du temps il se sert alors d'un tour nouveau : il craindrait de lasser ses auditeurs, s'il employait la forme sèche et monotone du résumé; le mouvement de la phrase est différent. Par exemple, après avoir rapporté tous les malheurs causés, selon lui, par la trahison d'Eschine, il déclare qu'il ne rend pas celui-ci responsable des défaites subies dans la guerre par les généraux, pas plus qu'il n'impute aux généraux les fatales conséquences de la conduite politique d'Eschine, et il trouve dans la concession même qu'il fait à son adversaire l'occasion de l'écraser sous cette rapide énumération : « Quel général a perdu Halos? qui a perdu les « Phocéens? qui Doriscos? qui Kersoblepte? qui le « Mont-Sacré? qui les Thermopyles? Qui a ouvert à « Philippe un chemin jusqu'à l'Attique au milieu d'alliés

(1) C. Calliclès, p. 1279.

« et d'amis? Par qui Coronée, et Orchomène, et l'Eu-
« bée et tout récemment Mégare ont-elles été rendues
« esclaves? Par qui les Thébains ont-ils été rendus
« puissants (1)? »

C'est dans ces résumés que Démosthène emploie le
plus volontiers l'antithèse, comme dans celui-ci : « De
« deux expressions employées, l'une contre les ac-
« cusés, *si quelqu'un tue*, l'autre contre ceux qui sont
« convaincus, *si quelqu'un est meurtrier*, dans la défi-
« nition, tu prends celle qui s'applique à l'accusation;
« et la peine que la loi n'a pas établie même contre
« ceux dont le crime est prouvé, tu la portes contre
« des hommes non jugés, et tu supprimes l'intermé-
« diaire; car l'intermédiaire, c'est le jugement de l'ac-
« cusation et de la preuve, que celui-ci n'a écrit nulle
« part dans son décret (2). »

(1) Sur l'Ambassade, p. 448.
(2) C. Aristocrate, p. 631.

CHAPITRE VI.

DE LA DISPOSITION.

La disposition est la logique dans l'ensemble comme le raisonnement est la logique dans le détail. Chaque raisonnement doit produire la démonstration d'une idée particulière, et les idées particulières doivent être disposées de manière à produire la démonstration de la cause tout entière.

Les logiciens ont réduit le raisonnement à certaines formes rigoureuses, le syllogisme, le dilemme, etc. Les rhéteurs ont de même donné aux orateurs comme un cadre tout prêt pour tous leurs discours. Les parties qui, selon eux, sont nécessaires sont l'exorde, la proposition, la division, la narration, la confirmation, la réfutation, la péroraison, dans l'ordre où je viens de les énumérer.

Comme toutes les causes ne se ressemblent pas, il a bien fallu reconnaître que le orateurs pouvaient et devaient adopter l'ordre qui convenait le mieux à chacune des affaires qu'ils plaidaient. Cet ordre doit être simple, facile à suivre. L'habitude de Cicéron et des avocats français est de l'annoncer d'avance et de s'y conformer fidèlement pendant toute leur plaidoirie.

La plupart du temps, les orateurs acceptent la disposition telle que la leur trace la rhétorique. Les règles générales de l'art de parler ne sont fondées que sur des observations fréquemment renouvelées. On a reconnu qu'une certaine division était celle qui convenait le mieux à presque toutes les causes. Il est tout naturel que dans presque toutes les causes les orateurs l'emploient en y faisant de légers changements, si l'intérêt de leur plaidoirie l'exige.

Je distinguerai même entre toutes ces parties : quelques-unes me semblent essentielles, indispensables; on ne peut ni les supprimer ni les déplacer; ainsi il faut toujours commencer par un exorde, finir par une péroraison. Je prends ici le mot de *péroraison* dans un sens large. Les Grecs, n'admettant pas l'appel aux passions à la fin du discours, le remplacèrent souvent par un *résumé*. Il fallait une fin. On ne pouvait s'arrêter court.

Il est d'autres parties qui peuvent être supprimées et qui ne peuvent être déplacées : ce sont la proposition et la division. Il est évident que si l'on expose rapidement la question, si l'on divise sa plaidoirie, ce doit être en commençant. Mais on peut ne faire ni l'un ni l'autre. La proposition est souvent contenue dans l'exorde. La division est inutile, quand la plaidoirie doit être courte et claire, quand il y a une seule question à discuter et que les arguments ne sont pas nombreux.

Enfin les autres parties peuvent être déplacées et ne peuvent être supprimées : ce sont la narration, la confirmation, la réfutation. Il faut toujours rapporter ce qui s'est passé, exposer ses preuves, combattre celles de l'adversaire. Seulement il est quelquefois nécessaire que l'on réfute avant de raconter ou avant de prouver, que les différentes parties d'un récit soient suivies chacune d'une confirmation; l'ordre en un mot peut être interverti, non-seulement sans inconvénient pour le plaideur, mais encore dans son intérêt.

Je remarque deux choses dans les plaidoyers de Démosthène :

La première, c'est qu'il n'a jamais suivi l'ordre imposé par la rhétorique. Je ne sais si c'est encore un effet de l'influence de son maître Platon, qui avait attaqué et tourné en ridicule les divisions des rhéteurs (1).

La seconde, c'est qu'il est souvent difficile de se rendre compte de sa disposition.

Démosthène se passe volontiers de proposition. Le discours *sur la Couronne*, le plus long, le plus important qu'il ait composé, n'en contient pas; il demande aux juges la faculté de disposer son plaidoyer comme il l'entend, mais il ne leur fait pas savoir comment il compte en user. Il se contente quelquefois d'une demi-proposition; il prévient les juges qu'il va leur exposer les faits, parce qu'ensuite ils comprendront mieux ses raisonnements. D'autres fois il annonce bien dans une proposition ce qu'il veut démontrer; il semble même diviser son sujet; mais il est très-rare qu'il garde l'ordre tracé par lui-même, et, si l'on peut citer des

(1) Phèdre, 5. 1.

discours où il est resté fidèle à sa proposition (1), ils sont en très-petit nombre. Le plus souvent il se hâte d'abandonner son plan et ne cherche même pas à faire connaître à ses auditeurs celui qu'il adopte ou à leur faire croire qu'il conserve celui qu'il leur a d'avance indiqué. Le discours *sur l'Ambassade* offre un singulier exemple de cette espèce de confusion, s'il est permis de l'appeler ainsi. Démosthène promet de démontrer qu'Eschine a manqué à tous les devoirs des ambassadeurs; ces devoirs sont au nombre de cinq : transmettre des renseignements sûrs, donner de bons conseils, obéir aux ordres du peuple, saisir les occasions favorables, être intègre (2). On croit que l'orateur va successivement prouver les infractions commises par Eschine à ces cinq espèces d'obligations. Mais il se contente de suivre l'ordre historique. Pour les devoirs dont il s'agit, quand il en reparle plus loin, il n'en mentionne plus que trois : la sûreté des renseignements, la sagesse des conseils, l'exacte obéissance (3). Plus loin encore, dans un nouveau résumé, si, comme dans le premier, il reproche à Eschine d'avoir désobéi au peuple et de lui avoir fourni de faux renseignements, il ne se plaint pas de ses conseils, mais l'accuse de s'être vendu à Philippe (4). En étudiant avec attention ce discours, on reconnaît que les cinq chefs d'accusation y sont traités, mais ils ne le sont pas séparément,

(1) C. Stéphanos I, c. Nicostrate.
(2) Sur l'Ambassade, p. 342.
(3) Ibid., p. 397.
(4) Ib., p. 430.

distinctement même. Aussi la proposition ne cadre-t-elle pas avec la double conclusion que je viens de rapporter. Quand Démosthène met une proposition dans ses plaidoyers, il y annonce ce qu'il démontrera, mais non pas la manière dont il fera sa démonstration ou l'ordre qu'il prendra ; c'est à ses auditeurs qu'il semble laisser le soin de retrouver le lien qui unit la proposition et le discours.

Du reste, on peut avoir un ordre simple et clair, même sans en instruire d'avance ses auditeurs. Tel n'est pas, il faut bien l'avouer, le principal mérite de Démosthène. On est étonné, embarrassé du défaut d'ordre, au moins apparent, qu'on trouve dans ses plaidoyers, quand on est habitué à voir dans Cicéron une division nettement tracée, exactement suivie, donnant naissance elle-même à des subdivisions, dont aucune n'empiète sur les autres. Tantôt, après avoir exposé les faits et discuté la question de droit, Démosthène recommence en quelque sorte tout son discours, et fait un nouveau récit, suivi d'une nouvelle discussion (1). Tantôt il paraît ne penser qu'à énumérer des arguments, sans les rattacher ensemble (2). Quand il a plusieurs choses à prouver, les différentes parties paraissent enchevêtrées les unes dans les autres ; une objection qui ferait tomber tout le discours, si elle était juste, est réfutée dans une discussion de détail (3).

Il me semble qu'on s'explique sans peine pourquoi

(1) C. Eubulide, p. 1320.
(2) C. Onétor I, pour Phormion, c. Spudias.
(3) C. Midias, c. Aristocrate, c. Timocrate.

Démosthène ne tenait pas davantage à l'apparence de l'ordre. Il craignait de montrer aux Athéniens qu'il récitait ou qu'il faisait réciter par son client un discours longuement médité et savamment composé. Cet art oratoire, dont ses juges redoutaient la puissance et les innombrables artifices, se serait trahi dans un plaidoyer où un ordre sévère eût été constamment maintenu. Tout le monde aurait reconnu bien vite dans l'œuvre d'un homme exercé à l'éloquence le fruit d'une laborieuse préparation.

Il faut avouer cependant que c'était pousser un peu loin la prudence que de cacher son ordre pour faire croire à l'absence d'art, et Démosthène semble être le seul des orateurs attiques qui ait eu recours à ce dangereux stratagème. Eschine prend un ordre clair, simple, qu'on saisit facilement. Ainsi il annonce qu'il examinera d'abord les lois faites pour l'enfance, qu'il passera ensuite aux mœurs de Timarque (1). Il prévient ses auditeurs quand il passe à la seconde partie de son sujet (2). Cette partie se subdivise nettement : il commence par les mœurs de Timarque, l'accuse ensuite d'avoir dissipé son patrimoine, enfin d'avoir mal géré les fonctions qui lui avaient été confiées. Il termine son discours en réfutant les arguments dont se servira Démosthène et en exhortant les citoyens à la vertu dans une noble péroraison. Au reste cet ordre, si simple qu'il soit, ne manque pas d'habileté, comme le remarque le savant auteur d'une étude sur Eschine : les lois groupées au

(1) C. Timarque, 2. 3.
(2) Ib., 2. 7.

commencement du discours rendent le crime plus grave
et l'accusation plus forte; quand on accusait un personnage aussi important que Timarque, il fallait avoir soin
« de préparer la voie à son discours dans l'esprit de
« ses auditeurs (1). » L'ordre général du discours contre
Ctésiphon n'est pas plus malaisé à suivre, malgré une
apparente confusion qui semble dans un certain passage
résulter d'une transposition (2). Eschine parle d'abord
des lois sur les comptables, puis il démontre que Démosthène était comptable et pour le théâtre et pour les
murailles; il établit ensuite que la couronne ne peut être
proclamée sur le théâtre, et enfin que le décret de Ctésiphon est faux, Démosthène n'ayant pas bien mérité de
la patrie. Dans cette dernière partie, tout historique, il
annonce qu'il suivra et suit purement et simplement
l'ordre chronologique.

Mais Démosthène n'a pu négliger en réalité la disposition. Il en connaissait trop bien l'importance; il n'i-
gnorait pas que les choses bien souvent doivent tout ce
qu'elles valent à la place qu'elles occupent. D'ailleurs,
la confusion n'aurait pas plu à un esprit si net et si
précis. Ce qui trompe, c'est que son système est de n'en
pas avoir d'avance et qu'il subordonne entièrement sa
division à l'intérêt présent et actuel de chaque affaire.
Il est impossible de rassembler dans ses discours de
quoi composer une méthode. Il y a longtemps qu'Ulpien
en a fait l'observation : « Il ne suit pas la méthode, »

---

(1) Matthæi libellus de Æschine oratore pars II, sect. 1.
(2) V. § 13 et les notes de Taylor et de Stock sur ce para-
graphe.

dit-il, « mais va selon ce qui est avantageux. » On comprend que dès-lors il paraisse quelquefois marcher au hasard, cherchant à dérober aux regards soupçonneux plutôt qu'à montrer aux yeux peu clairvoyants le chemin qu'il suit, et ses plaidoyers ne s'éclairant pas les uns les autres. Ce qu'il faut reconnaître, ce n'est pas un ordre en quelque sorte extérieur et superficiel, c'est la pensée qu'a eue l'auteur, la manière dont il a compris l'intérêt de sa cause et dont il a voulu la servir.

Voilà pourquoi il y a tant de diversité dans la composition de ses plaidoyers. Tantôt la narration, conformément aux principes de la rhétorique, est distincte de la confirmation et de la réfutation, tantôt les unes et les autres sont entièrement confondues. Dans le discours *sur l'Ambassade*, Démosthène raconte d'abord les deux ambassades d'Eschine avec les conséquences qu'elles ont produites, puis il réfute les arguments de son adversaire et expose les raisons qui doivent le faire condamner. Il suit le même ordre dans les discours contre Apaturios, contre Lacritos, contre Conon, qui se composent d'une narration et d'une argumentation. Au contraire, dans le premier discours contre Aphobe, dans les plaidoyers contre Polyclès et contre Néæra, il suit l'ordre historique et entremêle le récit des faits de réfutation et de raisonnement. Le discours qu'il écrivit contre Timothée est divisé en deux parties; la première comprend la narration et la confirmation confondues, la seconde la réfutation. Tout dépend de la nature et de l'importance des faits, de la force des preuves qu'on apporte à l'appui de sa prétention ou de son accusation, de la valeur des objections de l'adversaire et du plus ou moins de difficulté qu'on éprouve à les réfuter; si les faits parlent d'eux-mêmes, pour ainsi dire, on les prouvera à mesure qu'on les avancera, et l'on n'aura pas besoin d'en faire ressortir ensuite la gravité ou de combattre les moyens que l'adversaire emploiera pour sa défense; si l'on accuse un homme considérable, un Eschine, un Conon, il faudra, dans une seconde partie, appuyer sur les fautes qu'on lui impute, sur les preuves qu'on a fournies, sur la faiblesse de sa justification. Quelquefois l'on ne réunira la narration et la confirmation qu'afin de les fortifier l'une par l'autre. La narration elle-même sera différemment composée, selon qu'on aura un plus ou moins grand nombre de témoins; en peut-on invoquer beaucoup, on présente chaque fait séparément, en le faisant suivre des dépositions et des raisonnements qui doivent le prouver; craint-on d'être pris au dépourvu, on réunit tous les faits dans un long récit, à la fin duquel on appelle victorieusement des témoins qui semblent confirmer tout ce qu'a dit l'orateur, alors même qu'ils n'en attestent qu'une faible partie.

C'est l'intérêt de la cause qui fait adopter par Démosthène telle ou telle disposition; le même intérêt peut la lui faire abandonner ensuite. Ainsi, dans le discours *sur l'Ambassade*, il commence par la narration; la réfutation vient après. Il n'en réfute pas moins au milieu de la narration cet argument qu'il faut ménager Philippe en épargnant ses amis. C'est qu'il choisit pour cette réfutation le moment où il croit l'esprit des juges le plus vivement excité par ses paroles contre le roi de Macédoine. Le discours contre Timocrate commence par la démonstration de l'illégalité de la loi présentée par ce citoyen, puis l'orateur établit qu'elle est contraire aux intérêts d'Athènes. On est étonné de voir arriver à la fin de cette seconde partie une idée qui semblait avoir naturellement sa place dans la première ; il rapporte que Timocrate s'appuie sur une loi analogue à la sienne et combat l'argument qui en est tiré. Il trouve un double avantage au déplacement de cette réfutation ; le premier, c'est qu'il a terminé la démonstration de l'illégalité sans laisser voir qu'il y eût moyen d'y répondre ; le second, c'est qu'il réfute l'objection devant des esprits déjà prévenus contre une loi qui doit paraître funeste pour la République.

L'intérêt change avec chaque affaire ; l'ordre également. Il n'y a pas de règles fixes, de principes. Cependant on peut apercevoir dans la disposition de quelques discours une certaine ressemblance et y reconnaître un ordre commun qui laisse toujours une grande liberté à l'orateur pour les besoins de la cause.

Démosthène semble disposé à suivre autant que possible cet ordre qui consiste à placer les arguments les plus faibles au milieu du discours entre deux séries d'arguments puissants et qu'on appelle homérique, parceque Nestor, dans l'Iliade, garnit les deux ailes de ses meilleurs soldats et laisse au centre ceux dont il se défie. Il faut se hâter de convaincre les juges de la bonté de sa cause ; rien n'est plus dangereux que de leur faire croire qu'on n'a que de mauvaises raisons, en reculant toujours l'apparition des bonnes. Il n'est pas moins important, au moment où l'on cède la parole à son adversaire, de les laisser sous l'empire de la conviction qui a dû se former dans leur esprit. Si l'attention des juges se fatigue, c'est au milieu de la plaidoirie ; elle est éveillée au commencement et elle se réveille à la fin.

L'ordre homérique est celui du discours *sur la Cou-*

ronne, contre Leptine, contre Aristocrate. Démosthène l'a suivi dans les plaidoyers consacrés à présenter ou à combattre des exceptions, et en général toutes les fois qu'il a eu à plaider sur une question de droit. Le droit est comme dissimulé entre la narration des événements qui ont donné lieu au procès et les arguments moraux qui doivent avoir plus d'efficace sur les juges que les démonstrations juridiques.

Dans certains plaidoyers on trouve une idée dominante que l'orateur ramène sans cesse et autour de laquelle il réunit les faits qu'il doit raconter et les arguments qu'il doit invoquer. Ce qui fait l'unité du discours, c'est la présence continuelle de cette idée. Il n'y a pas d'autre ordre suivi dans les Philippiques. La pensée de Démosthène, est dans l'une, qu'il faut se presser; dans l'autre, que la force de Philippe n'est pas en lui-même, mais lui vient de la puissance de ses alliés et des fautes des Athéniens; dans une troisième, que ceux-ci doivent enfin se décider à agir; dans une quatrième, que Philippe est nécessairement leur ennemi. Le discours *sur l'Ambassade* paraît destiné à démontrer les devoirs de l'ambassadeur et singulièrement à prouver combien il est nécessaire qu'il soit intègre. On pourrait résumer ainsi le discours contre Midias : L'outrage commis par Midias contre ma personne intéresse tous les Athéniens, parce que nous vivons dans une démocratie, et qu'il faut protéger les pauvres contre les riches. Dans les plaidoyers privés, l'idée est quelquefois très-simple : c'est que l'adversaire a refusé l'arbitrage, comme dans le discours contre Spudias, ou qu'il convoite le bien du plaideur, comme dans le discours contre Calliclès.

Quand l'orateur fait d'une pensée unique l'âme de son

discours, il la développe particulièrement au début et à la fin. Il suit encore l'ordre homérique, en plaçant son argumentation sous la protection puissante d'une idée décisive qui se présente la première et la dernière à l'intelligence des auditeurs.

Au reste, Démosthène a l'habitude de faire constamment revenir soit un argument, soit une idée, même accessoires, quand il y attache une certaine importance : habitude qui contribue encore à mettre une apparente confusion dans la composition de ses plaidoyers. C'est ainsi que dans le discours *sur la Couronne* il demande sans cesse à Eschine pourquoi son accusation n'a pas été formée plus tôt; que, dans le discours *sur l'Ambassade*, il lui reproche à chaque instant son ancien métier d'acteur; que Mantithée rappelle à presque toutes les pages que la reconnaissance de Bœotus a été surprise à son père par une fraude impie. Ce sont quelquefois des idées qui auraient grand besoin d'être prouvées que l'orateur reproduit avec cette persévérance; on dirait qu'il espère passer pour les avoir démontrées, à force de les avoir répétées.

Il faut nous arrêter un instant pour examiner et je puis dire pour admirer la composition du discours *sur la Couronne*. Au premier abord, il n'est pas facile d'y retrouver l'ordre qu'a suivi Démosthène ; on y cherche aussi inutilement les divisions que les traités de rhétorique nous habituent à considérer comme nécessaires, et la longueur du discours nous empêche de saisir l'économie de l'orateur.

Le sujet était double. L'occasion intentée contre Ctésiphon était fondée sur ce que son décret, ordonnant de couronner un comptable et de proclamer la couronne

sur le théâtre, était illégal et sur ce qu'il contenait une
assertion fausse touchant les services rendus par Démosthène à la patrie. La légalité du décret, voilà un sujet ;
la politique de Démosthène, voilà l'autre. Mais dans la
pensée de Démosthène, comme dans celle d'Eschine,
comme dans celle des Athéniens appelés à juger le
procès et des milliers de spectateurs qu'avait attirés de
tous les points de la Grèce le désir d'entendre le débat,
la politique et la vie de Démosthène se confondaient
avec l'histoire d'Athènes et de la Grèce tout entière
pendant vingt ans, avec la lutte qu'elles avaient soutenue contre Philippe, avec les suprêmes efforts faits
par les fils des vainqueurs de Salamine pour conserver
à la Grèce cette liberté que de nouveaux barbares
cherchaient à lui ravir. Démosthène pouvait, comme
Eschine, traiter séparément les deux sujets ; il aurait
prouvé d'abord que la forme de la proclamation était
légale, qu'il remplissait les conditions nécessaires pour
être couronné, puis qu'il avait bien mérité de la patrie.
Ce n'est pas ce qu'il a fait. Il a joint et confondu ses
deux sujets dans une composition parfaitement une, et
sentant très-bien lequel était le plus important pour ses
juges comme pour ses auditeurs, pour ses contemporains comme pour la postérité, c'est au sujet politique
qu'il s'est attaché avant tout. Aussi, dans ce débat judiciaire, a-t-il voulu suivre l'ordre historique ; son plaidoyer est, à proprement parler, l'éloquente narration de
la lutte d'Athènes contre Philippe. Il a eu raison ; le
récit interverti, tout l'intérêt disparaît. Démosthène a
eu en cela l'avantage sur Bossuet qui, dans l'oraison
funèbre de M. le Prince, a plié l'ordre historique à une
division peut-être peu naturelle en qualités du cœur et

qualités de l'esprit, rattachant soit aux unes, soit aux autres les différentes victoires de son héros, plaçant la bataille du faubourg Saint-Antoine avant celle de Lens, et toutes les deux après le traité des Pyrénées et après la bataille de Senef.

Ce long récit se compose de quatre parties. Dans la première, Démosthène expose la situation de la Grèce au moment où il commençait à prendre part aux affaires; la seconde est consacrée à la défense de son administration jusqu'à la rupture de la paix; la troisième comprend la guerre des Phocéens, la prise d'Elatée, et l'ambassade de Démosthène à Thèbes; dans la quatrième, enfin, l'orateur fait l'éloge de ceux qui sont morts à Chéronée et accuse la fortune qui a trahi leur courage.

A côté de cet ordre historique et comme parallèlement, on retrouve l'ordre logique. Démosthène, après les préliminaires historiques, justifie son administration et démontre qu'il a mérité la couronne; il traite ensuite les questions de droit; il termine le discours en établissant un long parallèle entre Eschine et lui-même. Il n'est pas difficile de voir comment les deux ordres sont unis l'un à l'autre. Après la seconde partie de son récit, Démosthène pense avoir suffisamment établi qu'il a rendu à la ville d'importants services : reste à examiner s'il pouvait être couronné légalement et où la proclamation devait être faite. La discussion de droit arrive naturellement. Puis l'orateur profite du parallèle qu'il entreprend, pour reprendre l'histoire qu'il avait commencée.

On peut observer que cet ordre admirable est encore conforme aux prudents exemples que Nestor avait laissés aux généraux d'armée, et que les rhéteurs avaient recueillis. Ce qui est faible dans le discours *sur la Couronne*, ce sont les arguments juridiques. En droit, Eschine paraît avoir eu raison. Aussi est-ce au milieu de son émouvant récit que Démosthène place une courte discussion qu'il semble considérer comme peu importante.

Enfin, dans tout ce discours une idée domine, bien faite pour gagner tous les suffrages à l'avocat de Ctésiphon : c'est qu'Athènes a rempli son devoir, en essayant de sauver la liberté des Grecs, dût-elle se perdre elle-même dans cette noble entreprise. Tous les évènements que raconte l'orateur, tous les détails dans lesquels il entre, tous les arguments qu'il développe concourent à la démonstration de cette grande et belle idée. Bien plus, il parvient à confondre tellement sa politique avec celle d'Athènes et sa propre personne avec la République qu'en se défendant contre les accusations d'Eschine, c'est Athènes elle-même qu'il défend; il ne paraît préoccupé que du soin de prouver qu'elle a fait son devoir.

Telle est, si nous ne nous trompons, la merveilleuse économie du plus beau discours que nous ait laissé l'éloquence grecque. On reconnaît la puissance du génie dans une telle disposition aussi bien que dans l'apostrophe aux morts de Marathon.

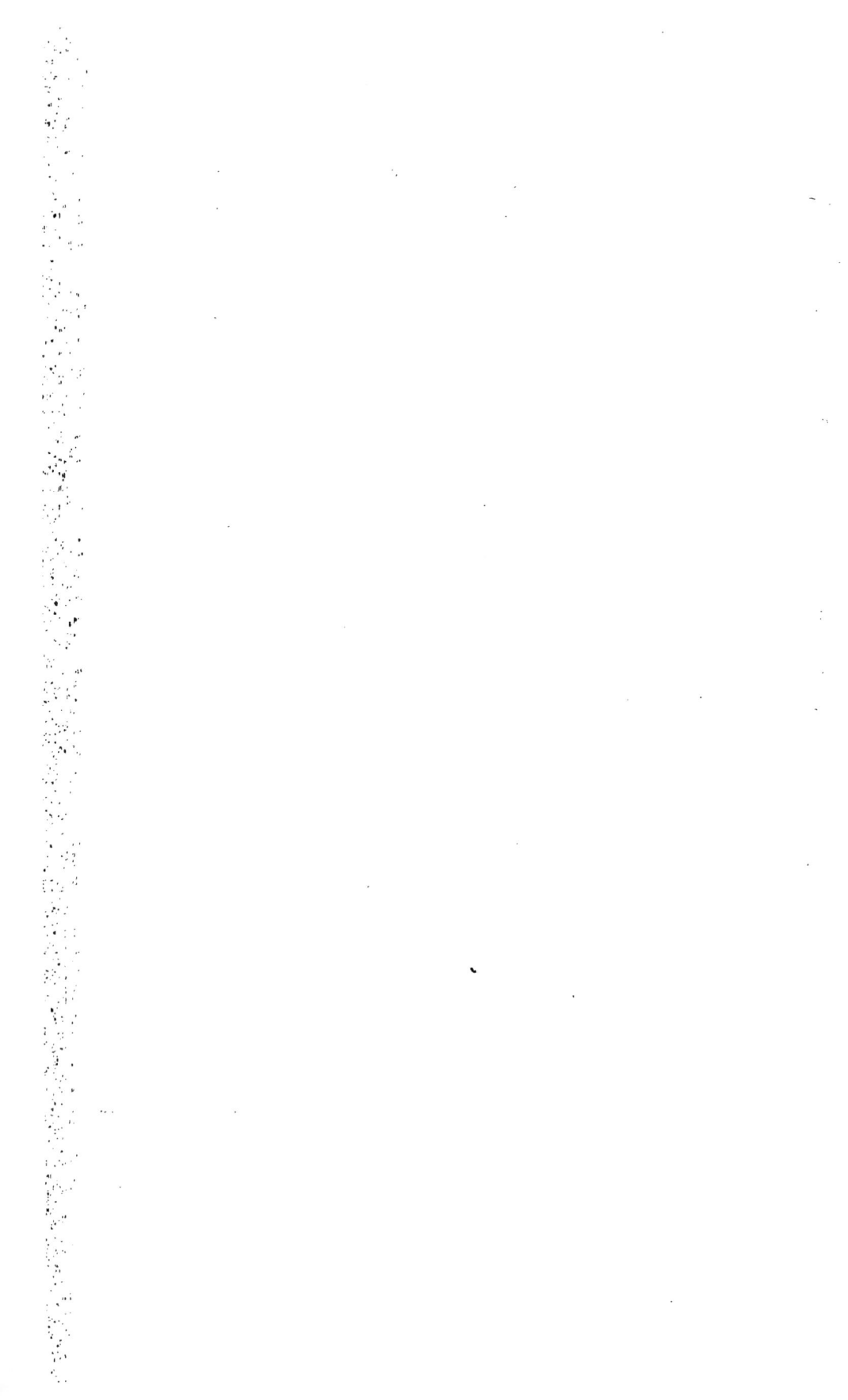

CHAPITRE VII.

DU STYLE.

Ceux qui étudient le style d'un auteur ancien rencontrent un double inconvénient : le premier, c'est qu'il est certaines choses dont ils ne peuvent s'assurer eux-mêmes ; le second, c'est qu'il est des assertions dont ils ne sauraient fournir la preuve sans renvoyer au texte original, ce qu'il ne faut faire que rarement.

Le premier inconvénient est sensible quand on veut examiner si l'auteur a donné à son style cette harmonie sans laquelle le langage humain perd avec tout son charme une partie de sa puissance, quelle importance il y attachait, s'il se contentait de ménager ou s'il aspirait à flatter la délicatesse de ses auditeurs. On a beau posséder à fond les idiômes qui ne sont plus, en connaître tous les tours, en saisir toutes les nuances, il est une partie qui a nécessairement disparu avec les hommes qui les parlaient sur la place publique ou dans le commerce habituel de la vie. La prosodie grecque n'est étudiée, en France du moins, que par un petit nombre de savants.

La connaissance même de la quantité, sans la connaissance de la prononciation, reposant sur des notions abstraites et grammaticales, non sur l'habitude de parler et d'entendre, ne donne qu'une idée imparfaite et insensible de cette harmonie sonore, tour à tour énergique et douce, que les langues anciennes avaient à leur naissance reçue de la nature, qu'un art patient avait rendue plus savante, et dont les orateurs comme les poètes avaient appris à faire un usage si habile et si varié. Les langues mortes sont des langues muettes. En ce qui touche l'harmonie, il faut nous en tenir au témoignage de ceux qui les possédèrent dans leur intégrité. Tous les grammairiens, Denys d'Halicarnasse (1), Lucien (2), Harpocration, attestent que Démosthène excellait à disposer les mots de la manière la plus propre à flatter l'oreille; ils montrent dans ses discours le mélange heureux et souvent compliqué des longues et des brèves. Ce mérite est tout naturel chez un orateur attique. Personne n'eût osé choquer le goût des Athéniens par un concours de sons désagréables et inattendus; c'eût été blesser leur patriotique attachement pour leur langue et compromettre la vérité.

> Veraque constituunt que belle tangere possunt
> Auris et lepido quæ sunt fucata sonore (3).

Selon la règle posée par les rhéteurs, l'harmonie de Démosthène varie selon le sujet qu'il traite et le ton qu'il prend. Quand il veut produire une impression grave,

(1) Περὶ Δημοσθένους δεινότητος.
(2) Eloge de Démosthène.
(3) Lucrèce, I, 643 et 644.

il a des modes sévères, des nombres imposants; il emploie des mots longs dont l'un se termine par la voyelle qui commence l'autre, ce qui le force à laisser un certain intervalle entre l'un et l'autre pour les prononcer. Quand il cherche seulement à plaire, il évite le concours des voyelles, ou du moins n'admet que celui des demi-voyelles et les muettes, τόν Φίλιππον. Tout cet art est d'autant plus habile que nul ne s'en aperçoit (1).

Mais Démosthène ne devait pas peser avec un soin puéril chacune des syllabes qu'il employait, pas plus qu'il ne devait cadencer harmonieusement les phrases qu'il prononçait. Habitué dès l'enfance à parler purement le pur langage de l'Attique, instruit probablement par ses maîtres de tous les secrets de l'art, il ne faisait qu'appliquer ses principes sans même y penser. Denys compare avec raison l'orateur qui trouve les rhythmes sans peine, après avoir travaillé longtemps à en apprendre la science, à l'enfant à qui l'on enseigne à parler et à lire, et qui ensuite n'a plus d'effort à faire pour lire et pour parler (2). La science ne reste pas étrangère à l'intelligence, elle en devient comme la forme même. Dans la plupart des passages que l'on admire, il ne faut pas voir l'effort laborieux d'un homme qui cherche et qui réussit à trouver ce qu'il faut dire, mais le plus souvent une espèce d'accord préétabli entre la nature des choses et le génie de l'écrivain, entre la réalité physique ou la vérité morale et un esprit doué

(1) Denys, loc. cit. 22. 38, 43 et 48.
(2) Loc. cit., § 52.

de riches facultés, suffisamment exercé par un travail intelligent.

L'autre inconvénient se présente, par exemple, lorsque, cessant de considérer les qualités extérieures et en quelque sorte matérielles du style, on étudie la construction de la phrase pour voir comment elle doit servir la pensée et quelle force l'arrangement des mots donne aux idées que développe ou que démontre l'orateur. Cette construction disparaît nécessairement presque toujours dans une traduction. Les langues ont des génies différents; les unes sont analytiques, les autres synthétiques; celles-ci admettent les inversions, celles-là les rejettent. La pensée seule passe d'un idiôme dans l'autre. Le style ne se traduit pas. Ajoutez à cela que toutes les qualités du style se tiennent par un lien étroit : ainsi, Démosthène rejette bien souvent à la fin de la phrase le mot qui doit produire le plus d'effet; mais les rejets qui sont les plus beaux dans sa langue, nous paraissent durs quand on essaie de les reproduire dans la nôtre; il suffit que l'harmonie manque, pour que toute l'habileté disparaisse. Les rejets des orateurs anciens, s'il est permis de les appeler ainsi, sont aussi difficiles à rendre que ceux des poètes. Le mérite n'en existe pas moins pour ne pouvoir être apprécié que dans l'original.

Longin explique un exemple de ce genre dans le passage suivant mis en note par Boileau : « pour « ne pas effrayer ceux qui ne savent point le grec : « Cette pensée que Démosthène ajoute après la lecture « de son décret paraît fort sublime et est en effet mer- « veilleuse. Ce décret, dit-il, a fait évanouir le péril « qui environnait cette ville, comme un nuage qui se

« dissipe lui-même : Τοῦτο τὸ ψήφισμα τὸν τότε τῇ πόλει περιστάντα
« κίνδυνον παρελθεῖν ἐποίησεν, ὥσπερ νέφος. Mais il faut avouer que
« l'harmonie de la période ne le cède point à la beauté
« de la pensée, car elle va toujours de trois temps en
« trois temps, comme si c'étaient tous dactyles, qui
« sont les pieds les plus nobles et les plus propres au
« sublime. En effet, si vous ôtiez un mot de sa place,
« comme si vous mettiez τοῦτο τὸ ψήφισμα ὥσπερ νέφος ἐποίησε τὸν
« τότε κίνδυνον παρελθεῖν, ou si vous en retranchez une seule
« syllabe, comme ἐποίησε παρελθεῖν ὡς νέφος, vous connaîtrez
« aisément combien l'harmonie contribue au sublime.
« En effet, ces paroles ὥσπερ νέφος, s'appuyent sur la pre-
« mière syllabe, qui est longue, se prononcent à quatre
« reprises; de sorte que, si vous en ôtez une syllabe,
« ce retranchement fait que la période est tronquée.
« Que si, au contraire, vous en ajoutez une, comme
« παρελθεῖν ἐποίησε ὥσπερ τὸ νέφος, c'est bien le même sens,
« mais ce n'est plus la même cadence parce que la pé-
« riode l'arrêtant trop longtemps sur les dernières syl-
« labes, le sublime, qui était serré auparavant, se re-
« lâche et s'affaiblit (1). »

Nul n'a jamais eu au même degré que Démosthène cet
art de l'arrangement des mots qui est à la phrase ce que le
raisonnement est à chaque partie du discours, ce que la
disposition est au discours tout entier. Chaque phrase a
sa logique. Eschine, comme le rappelle Denys d'Halicarnasse (2), reconnaissait lui-même la supériorité de

(1) Traité du Sublime, ch. 32, note.
(2) Περὶ δεινότητος Δημοσθένους, V. Esch., sur l'Ambassade, 2. 49.

Démosthène dans cette partie de l'art oratoire, et recommandait à ses juges de s'en méfier. Tantôt le style est coupé, la pensée est comme divisée en fragments qui semblent au premier abord isolés les uns des autres, qui ne sont même pas toujours reliés ensemble par ces particules si familières aux écrivains grecs, et cependant, quand on arrive à la fin du developpement, on reconnaît que tout se tient, qu'il y a une idée unique, et l'esprit des auditeurs retrouve la liaison dans celui de l'orateur. Tantôt Démosthène, à l'imitation d'Isocrate, emploie la période (1) ; mais chez lui ce n'est pas pour ainsi dire une forme de style ; on croirait que ce fût une manière de penser. Démétrius remarque judicieusement que la composition de la phrase est souvent nécessaire, et que si, en nous exprimant, nous relions nos idées entre elles, c'est pour obéir à la nécessité (2). Démosthène profite de l'étendue de la phrase pour y faire entrer en même temps tous les faits qu'il veut énumérer, ou c'est un raisonnement qu'il présente, et les diverses parties de la déduction, ainsi rapprochées les unes des autres, paraissent se tenir par un lien d'autant plus étroit. L'adversaire de Pantænète explique pourquoi il a consenti à se porter vendeur; son explication semble tout-à-fait complète, car il fait connaître en même temps tous les motifs de sa conduite (3). Démos-

(1) Il a des périodes qui comprennent jusques à quatre respirations. (Denys d'Halic., loc. cit., §. 48.)

(2) Περὶ Ερμηνείας, 248.

(3) C. Pantænète, p. 970.

thène fait de la période l'usage le plus varié et le plus
fréquent ; il ne la réserve point pour les occasions solen-
nelles où la pensée doit s'avancer avec une lente ma-
jesté, comme un prince sur son char de victoire; on la
retrouve aussi bien dans ses plaidoyers privés que dans
ses discours publics ; il l'applique au raisonnement
comme au sentiment, comme à la narration.

Les membres de phrase ne méritent pas une moindre
attention que les phrases elles-mêmes; l'abondance des
incises est, selon Denys d'Halicarnasse (2), le signe
distinctif du style de Démosthène. Chaque incise
contient une idée, un argument. L'orateur fixe l'attention sur une circonstance, sur une qualité, par
une interruption, par une apposition d'une énergique
brièveté. J'ai déjà parlé de l'habitude qu'il avait de
placer à la fin de la phrase le mot décisif (3). Le discours n'en a pas moins et une parfaite aisance et une
continuelle variété. L'orateur n'est pas gêné par son art
et par sa prudence mêmes.

Je cite quelques exemples que je tire du discours *sur*
l'Ambassade : « Quand vous faisiez ce qu'il fallait, vous
« receviez des sacrifices et des louanges, et chez vous-
« mêmes et chez les autres; quand vous vous êtes laissé
« tromper par ceux-ci, vous avez fait revenir de la cam-
« pagne vos enfants et vos femmes, vous avez décidé de
« célébrer la fête d'Hercule dans la ville, εἰρήνης οὔσης
« (p. 638). » — « Cependant Philocrate n'a pas osé
« faire cela, ὁ μιαρός (p. 375). » — « Philippe ne m'ef-

---

(2) Loc. cit., 2. 9.

« fraie pas si tout va bien de votre côté; mais si vous
« laissez dans la sécurité ceux qui veulent recevoir un
« salaire de lui, si quelques-uns de ceux auxquels vous
« vous fiez s'associent à eux, et viennent parler main-
« tenant, après avoir nié dans le passé qu'ils fissent rien
« pour Philippe, ταῦτα φοβεῖ με (p. 434). »

On distingue ordinairement trois genres de style : le
style sublime, le style tempéré, le style simple. Cette
distinction, quoique consacrée par le temps, n'est pas à
l'abri de tout reproche. D'abord elle est vague. Le
genre tempéré n'est pas un genre, mais la collec-
tion de tous les genres qui ne peuvent rentrer ni dans
le sublime ni dans le simple. On n'a pas voulu leur
reconnaître une existence distincte et leur donner
des noms, parce qu'on a craint de surcharger la
mémoire; mais on est arrivé à ne pouvoir ni satisfaire ni servir l'intelligence par une classification
exacte et claire. Il semble, en outre, que les grammairiens n'aient pas nettement séparé le fond de la
forme, et que, pour constater des différences dans le
style, ils ne se soient pas attachés assez strictement à le
considérer en lui-même, abstraction faite de l'idée qu'il
sert à exprimer. Une grande pensée, rendue en termes
simples, peut faire une phrase sublime. Où est la subli-
mité? dans la pensée. C'est un des cas où, selon les
grammairiens, le style appartient au genre sublime; ils
ont raison, si par le mot *style* on entend la réunion du
fond et de la forme, non si on le réserve à la forme,
ce qu'on doit faire, quand on traite de grammaire ou
de critique. Il n'y a en réalité que deux espèces de style,
le style simple, et le style orné; le style simple, c'est-
à-dire celui qui ne se distingue pas de l'idée, qui semble

ne pas avoir une beauté qui lui soit particulière, et qui ne distrait pas l'esprit du sujet même; le style orné, c'est-à-dire celui qui paraît avoir une existence et des mérites distincts, indépendants, qui divise l'attention, quand il ne lui arrive point de l'accaparer. Le premier ne peut exciter qu'une admiration réfléchie; l'esprit éprouve à la longue une satisfaction sans mélange, en voyant chaque idée recevoir l'expression qui lui convient le mieux, celle qui lui est comme essentielle : l'exactitude des termes, qui n'est autre chose que le parfait accord du fond et de la forme, a un charme dont tout esprit droit finit par subir l'empire. Le second, au contraire, brille tout de suite aux yeux, et le sens de la phrase n'est pas encore complet pour la raison que déjà la beauté de l'expression a séduit l'imagination ou caressé les sens. Il est impossible au reste d'établir entre ces deux genres de style une ligne de démarcation bien nette : il n'y a pas d'auteur si simple qui n'ait quelques ornements, dût-il les cueillir « en un « champ voisin, » comme la bergère de Boileau : il n'est pas d'écrivain si paré qui ne se contente en certains moments de la simplicité de la nature. Il faut se borner à rechercher quel est le caractère dominant dans le style d'un auteur. Je ne prétends pas non plus décider auquel des deux genres doit appartenir la supériorité : tout dépend et du sujet et du génie de l'écrivain et des dispositions de ceux à qui il s'adresse. *Cuique suum;* c'est une maxime de justice qui est en même temps une règle de goût.

Il est à peine besoin de dire à quel genre appartient le style de Démosthène. Tout le monde sait que la simplicité en fait le principal caractère et peut-être le plus grand mérite (1). Cette qualité dut être en partie la cause des succès qu'il obtint auprès de ses concitoyens et de l'influence qu'il exerça sur eux. Denys d'Halicarnasse, comparant le style de Thucydide qui pour lui est « la « règle du style rempli d'ornements ajoutés, » et celui de Lysias qui est parfaitement simple, remarque judicieusement que si « la nouveauté et l'audace sont particulières à la manière d'écrire de l'historien, c'est le « propre de celle de l'orateur d'éviter les dangers, » et comme il dit dans la phrase précédente, « de tromper et de dérober les choses (2). »

La simplicité consiste à dire les choses non comme tout le monde les aurait dites, mais de manière à faire croire à chacun qu'il aurait pu les dire de même. Il faut se garder de la confondre avec la trivialité qui est toujours insupportable, et qui n'eût pas été soufferte un instant chez les Athéniens. Le style même simple a sa noblesse et son élégance. S'il faut en croire certains commentateurs, Démosthène poussait le scrupule jusqu'à faire allusion au fameux proverbe sur l'ombre de l'âne sans oser prononcer le nom de cet animal (3). L'élégance consistait à ne pas dire le mot ; la simplicité, à n'employer pas de périphrase.

Il n'était pas de sentiment si noble, de pensée si éle-

---

(1) « Démosthène, le plus grand des orateurs grecs, parce « qu'il est le plus simple, » dit M. V. Le Clerc (édition de Cicéron, discours préliminaire, p. 83).

(2) De l'admirable style de Démosthène, §§. 1 et 2.

(3) Dounœus -- in Phil. de pace, p. 149, l. pen., s'appuyant sur le témoignage d'Harpocration qui s'appuie lui-même sur Didyme.

vée que Démosthène ne rendît admirablement. Il ne
s'était pas fait une loi suprême de garder toujours le
même ton; il n'y aurait pas eu une disproportion moins
choquante entre une grande idée et un style sans élévation, sans vigueur, qu'entre une idée ordinaire et une
expression magnifique. Le propre caractère du style
simple est de se conformer à la pensée, de ne pas se
détacher d'elle, de s'élever quand elle s'élève, de s'en-
flammer quand elle s'enflamme, de se calmer quand elle
se calme. Il en est du style de l'écrivain comme du ton
de l'orateur; celui-ci ne cesse pas d'être naturel, parce
qu'il prononce d'une voie animée un passage véhément.
Seulement, comme l'un et l'autre ne font qu'obéir, soit
en parlant, soit en écrivant, aux mouvements de leur
pensée, ceux qui les lisent ou les écoutent ne s'aperçoivent pas que le ton ou le style change de caractère,
parce qu'en effet il ne change pas de nature, et ils con-
tinuent à fixer sur l'idée une attention que rend facile
l'accord parfait du fond et de la forme.

C'est précisément cette variété qui fait placer par
Denys d'Halicarnasse le style de Démosthène dans un
genre mixte inventé, selon Théophraste, par Thrasy-
maque de Chalcédoine, puis adopté et presque entièrement perfectionné par Isocrate et Platon, et qui consiste « à garder le style simple et sans apprêt de Lysias
« pour instruire très-clairement son auditeur de ce
« qu'on veut, à prendre la manière d'écrire ornée et
« préparée de Gorgias pour le frapper par la beauté des
« mots. » Démosthène, à en croire le rhéteur, a laissé
bien loin derrière lui et Isocrate et Platon, surtout
celui-ci, dont le style est semblable à un vent doux sortant de prairies embaumées, quand il reste simple, et

devient, quand il cherche à s'élever, obscur, diffus, chargé de périphrases inexpérimentées, d'une vide richesse de mots; j'en passe et des plus sévères. Démosthène, au contraire, est toujours égal à lui-même (1).

On retrouve du reste chez Démosthène toutes les figures de mots aussi bien que de pensées dont la rhétorique fait mention, l'apostrophe, la répétition, la métaphore, la comparaison, etc. L'art, on le sait, n'a rien inventé : il a observé la nature. Rien n'est plus naturel, dans certains cas, que le langage figuré. Seulement, Démosthène use avec sobriété des figures les plus hardies, et elles produisent d'autant plus d'effet qu'il les emploie rarement. Quand il recourt à la métaphore, il se contente d'un mot, sans chercher à l'orner de peur de l'affaiblir en le faisant suivre ou précéder d'une épithète. Il reste toujours simple, même quand il se sert des manières de parler qui tiennent lieu d'ornements chez les autres auteurs.

Le style de Démosthène présente une imitation sensible de celui de Thucydide. Il semble que l'orateur n'ait pas pris uniquement à l'historien la science de la généralisation et la force singulière de la dialectique; ce ne sont pas seulement non plus les caractères généraux de la manière d'écrire, qui sont souvent les mêmes chez l'un et chez l'autre, l'élévation du ton, la gravité du langage, la disposition savante des phrases; la ressemblance, comme l'atteste Denys d'Halicarnasse, consiste encore dans l'emploi des mêmes mots, des mêmes tour-

(1) De l'admirable style de Démosthène, §§. 3, 4 et 5. — Cf. §§. 23-25.

nures, ὀλίγου δεῖν pour σχεδόν, φησάντων ἄν pour φασκόντων, de cons-
tructions où le verbe et le sujet sont séparés l'un de
l'autre. Seulement Démosthène écrit pour parler et pour
parler à un auditoire où il y a des ignorants en très-
grand nombre, et il se rend toujours accessible à tous
par l'admirable clarté de son langage (1).

On a reproché au style de Démosthène de manquer
de souplesse; on s'est plaint d'y chercher en vain cet
esprit que l'on rencontre souvent dans les discours de
Cicéron (2), et les plus vifs admirateurs de Démosthène,
Denys d'Halicarnasse, Longin, ont en son nom passé
condamnation sur ce point. Peut-être se sont-ils un peu
trop empressés de donner raison à des critiques qui ne
semblent pas entièrement justes, surtout quand on
étudie les discours privés, ceux où l'orateur trouvait la
plus naturelle occasion de montrer s'il pouvait descendre jusqu'à être spirituel. Il a des plaisanteries d'un
goût douteux; par exemple, quand l'adversaire de Calliclès, réclamant le droit de faire sortir l'eau de sa propriété, s'écrie : « Sans doute Calliclès ne me forcera pas
« à la boire (3), » ou quand l'accusateur de Timocrate lui
conseille de porter aux enfers sa loi sur la mise en liberté sous caution (4). Mais il est souvent mieux inspiré.
J'essaierai d'en donner la preuve, quoiqu'il soit bien

(1) De l'admirable style de Démosthène, §§. 9, 10, et 15. — Cf.
Longin, du Sublime, ch. 18.
(2) Quintilien, Inst. Orat., liv. VI, c. 3.
(3) Contre Calliclès, p. 1276.
(4) Contre Timocrate, I, p. 732. « Les plaisanteries de Démos-
« thène n'ont jamais fait rire que Clésiphon, » dit une des lettres
attribuées à Eschine.

difficile de faire passer l'esprit d'une langue dans une
autre : l'esprit est comme un liquide fait pour rester
dans un vase où il a de gracieux contours et une cou-
leur éclatante ; si on le transfère dans un vase d'un
âge et d'une autre forme, il perd aussitôt tout ce qui
charmait les yeux.

Apollodore veut faire comprendre aux juges que son
frère Pasiclès, qui s'unit à Phormion contre lui, n'est
pas le fils de son père Pasion : « Je crains, dit-il (1),
« que Pasiclès ne soit le commencement des torts de
« Phormion envers nous. » — « Avant de devoir au
« trésor public, » dit l'adversaire de Nicostrate (2),
« Aréthusios convenait qu'il était le plus riche de tous
« ses frères; comme les lois ordonnent que ses biens
« vous appartiennent, maintenant Aréthusios paraît
« être pauvre, et ses biens sont réclamés soit par sa
« mère, soit par ses frères. » L'orateur n'a garde de
s'appesantir sur sa pensée. L'esprit n'est même pas
tout-à-fait exclu des plaidoyers politiques : « Il vien-
« dra ensuite s'indigner, » dit Démosthène en parlant
d'Eschine dans le discours sur l'Ambassade (3), « d'être
« le seul parmi les orateurs du peuple qui rende des
« comptes. Je m'abstiens de dire qu'ils devraient tous
« rendre compte de leurs paroles, s'ils s'exprimaient
« pour de l'argent. » Il compare la gloire passée d'A-
thènes avec sa condition présente : « Alors la ville avait
« en abondance et des terres et des richesses, mainte-

(1) Contre Stéphanos I, p. 1126.
(2) Contre Nicostrate, p. 1255.
(3) P. 398.

« nant elle en aura ; car c'est ainsi qu'il faut parler,
« sans tenir un langage injurieux (4). »

Les développements spirituels ne font pas défaut, non
plus que les traits piquants. On peut voir l'exorde du
plaidoyer contre Dionysiodore, où Démosthène démontre
la supériorité de ceux qui empruntent sur ceux qui
prêtent. L'exorde du discours contre Lacritos est encore
plus mordant : « Ce n'est pas une chose nouvelle que
« font les Phaséliotes, ô juges, mais c'est une chose
« dont ils ont l'habitude. Car ils excellent à emprunter
« de l'argent sur le marché; mais quand ils l'ont reçu
« et qu'ils ont souscrit le contrat maritime, aussitôt ils
« oublient et les contrats et les lois, et qu'il faut rendre
« ce qu'ils ont reçu; et ils croient, s'ils rendent, avoir
« comme perdu une partie de leur propre fortune;
« mais au lieu de rendre, ils trouvent des sophismes,
« des exceptions et des prétextes, et ce sont les plus
« pervers et les plus injustes des hommes. La preuve,
« c'est que parmi tant de Grecs et de barbares qui se
« rendent à votre marché, les Phaséliotes ont toujours à
« eux seuls plus de procès que tous les autres ensemble.
« Voilà quels sont ceux-ci. »

Ce qui manque à Démosthène, ce n'est pas l'esprit,
c'est peut-être la grâce, de même qu'à son pathétique
manque ordinairement la tendresse, cette grâce de la
sensibilité. Dans le discours contre Aristogiton, que l'on
a mis sous son nom, mais que Denys attribue à Hypéride, on trouve une charmante comparaison entre la
République et une maison où seraient réunis des vieil-

(1) Contre Leptine, p. 492.

lards et des jeunes gens : « Pour vous, ô Athéniens,
« usant les uns envers les autres de la douceur de votre
« nature, ainsi que je l'ai dit, vous habitez la ville en
« public, comme les familles habitent les maisons par-
« ticulières ; comment font-elles donc ? là où se trouvent
« un père et des fils devenus hommes, peut-être même
« des enfants de ceux-ci, il est nécessaire qu'il y ait
« beaucoup de volontés différentes, car ni les discours
« ni les actions de la jeunesse ne sont ceux de la vieil-
« lesse. Mais cependant tout ce que font les jeunes
« gens, s'ils ont de la sagesse, ils le font de manière à
« essayer avant tout de se cacher; s'ils n'y parviennent
« pas, il est évident qu'ils en ont la volonté; les vieillards,
« de leur côté, s'ils voient quelque excès dans la dé-
« pense, dans la boisson, dans les jeux, le voient sans
« paraître s'en apercevoir. Ainsi se fait et se fait bien
« tout ce que demandent les natures. C'est de la même
« manière que vous habitez la ville, ô Athéniens, en
« parents et en amis, les uns voyant la vie des mal-
« heureux de manière à voir sans voir, à entendre sans
« entendre, selon le proverbe, les autres faisant ce qu'ils
« font de manière à paraître se cacher et craindre d'être
« vus. Voilà comment dure et subsiste cette harmonie
« commune, qui est la cause de tous les biens pour la
« ville (1). » S'il était incontestablement prouvé que le
discours contre Aristogiton fût d'Hypéride, je ne crain-
drais pas de dire que Démosthène n'aurait pu écrire ce
passage. Si c'est Démosthène qui a composé le discours,
ce morceau est unique dans ses œuvres.

(1) Contre Aristogiton I, p. 791.

Eschine est mordant et gracieux à la fois. On n'a qu'à voir le portrait de Misgolas dans le discours contre Timarque (1), le récit des mauvais traitements que Timarque fit souffrir à Pittalacus et le meurtre des coqs de celui-ci (2), de fines épigrammes contre Démosthène, que sa nourrice appelait Batalus (3), qui se vantait d'avoir « des sources intarissables de discours » et qui promettait « de coudre la bouche de Philippe avec un jonc « sec, » qu'il ne se serait même pas donné la peine de mouiller (4), qui composait son visage et se grattait la tête quand il entendait applaudir son rival (5), qui se faisait suivre de deux hommes portant des bourses, où était un talent, et disait qu'il allait racheter des prisonniers (6), qui « béotisait » et avouait franchement » être « mou et craindre de loin le danger (7), » qui en était « aux petits soins avec les députés de Philippe (8), qui causait la nuit avec Minerve et Junon (9). Démosthène n'est ordinairement que mordant.

De ce que Démosthène n'aurait pas eu certaines qualités ou les aurait possédées à un moindre degré que d'autres esprits, faudrait-il conclure qu'il fut un orateur incomplet? Non, sans doute. La nature a créé un cer-

(1) §. 10.
(2) Ib., §. 12.
(3) Ib., §. 26.
(4) Sur l'Ambassade, §. 10.
(5) Ib., §. 20.
(6) Ib., §. 31.
(7) Ib., §. 33.
(8) C. Ctésiphon, §. 28.
(9) Ib., §. 78.

tain nombre de types auxquels elle a donné des caractères différents. Chacun de ces types n'a pas besoin d'emprunter les qualités des autres pour être parfait en son
genre. Rollin a dit : « Le conseil le plus sage que l'on
« puisse donner aux jeunes gens qui se destinent au
« barreau est de prendre pour modèle du style qu'ils y
« doivent suivre le fond solide de Démosthène, orné et
« embelli par les grâces de Cicéron (1). » Je ne retrouve pas dans ce conseil, qui lui paraît si sage, son
judicieux esprit. Ce qui fait paraître le fond de Démosthène si solide, c'est précisément qu'il ne lui est pas
venu à l'esprit de l'orner et de l'embellir par les grâces
qu'on devait admirer plus tard dans Cicéron. L'un est le
type le plus accompli de l'éloquence serrée, simple et vi-
goureuse; l'autre le plus parfait modèle de l'éloquence
abondante et magnifique. Mais conseiller aux jeunes gens
de chercher à réunir des qualités contraires, c'est leur
faire tenter l'impossible.

(1) Traité des Études, liv. ɪv, ch. ɪ, art. 1, ₰. 4.

CONCLUSION.

J'ai tâché d'indiquer les principaux caractères qu'avait
l'éloquence de Démosthène lorsqu'il s'adressait à des
juges. Nous l'avons vu plus habile et plus fécond que
scrupuleux dans cette partie de l'art oratoire qu'on appelle l'invention, recueillant tout ce qui pouvait lui être
utile, ne dédaignant aucun détail, n'hésitant peut-être
pas à modifier la réalité ou à créer des faits imaginaires
pour servir sa cause, à créer aussi des autorités pour appuyer ses assertions, instruit par la philosophie à rechercher dans l'âme des hommes les motifs de leur conduite
et moins curieux d'en trouver de vrais que de vraisemblables, habitué à tirer d'abord les idées générales des
faits particuliers, puis des arguments spécieux de ces
idées générales ; nous avons examiné comment il arrivait à persuader des juges, tantôt par les mœurs, en
gagnant leur confiance et leur sympathie, grâce au ton
humble et doux qu'il savait prendre pour lui-même ou
donner à ses clients, en se montrant dépourvu de crédit,

de richesse, d'éloquence, disposé à tout faire pour éviter
les procès, tantôt par les passions, en excitant la colère
plutôt encore qu'en inspirant la pitié, et surtout en em-
ployant l'ironie; dans la narration, nous l'avons trouvé
disposant savamment les circonstances tout en paraissant raconter naturellement les choses comme elles
s'étaient passées, donnant toujours à son récit une parfaite vraisemblance et quelquefois une singulière chaleur;
nous avons admiré la rigoureuse exactitude de ces raisonnements, presque toujours animés par la passion;
nous avons reconnu qu'il n'avait point suivi dans tous
ses discours un ordre tracé d'avance par la rhétorique,
qu'il disposait chaque plaidoyer selon le besoin actuel de
chaque cause; que, sans faire connaître la disposition
adoptée par lui, sans la laisser toujours apparaître clairement à ses auditeurs, il y apportait un soin extrême,
dissimulant l'art lui-même à force d'art; que son style
était à la fois d'une simplicité constante et d'une élégance soutenue, qu'il semblait inspirer de lui-même la
confiance, et qu'il avait été, au jugement des Grecs, fait
pour caresser leurs oreilles délicates aussi bien qu'il nous
paraissait propre à servir la logique ou la passion. Enfin,
dans les causes publiques, où il avait à parler de l'honneur d'Athènes, de la liberté de la Grèce, des récompenses à décerner aux bons, des punitions à infliger aux
méchants, de la gloire des aïeux, des lois de Solon, c'est
bien le Démosthène des Philippiques et des Olynthiennes
que nous avons retrouvé; dans les plaidoyers privés
même, toutes les fois qu'un sujet digne de lui vient lui
fournir une occasion favorable de déployer son génie, il
la saisit avec empressement. J'ai cité quelques passages,
j'ai dû en laisser de côté un grand nombre.

Il y a dans cette éloquence des parties qui sont spéciales à Démosthène ; il y en a qui lui sont communes
avec les autres orateurs attiques. Ce qui appartient à
lui seul, c'est l'habileté de la disposition, l'inexorable
rigueur de la démonstration, l'emploi savant des idées
générales, la vigueur et l'élévation du style et singulièrement ces mouvements sublimes que les règlements sévères des tribunaux athéniens ne pouvaient contenir et
où se montre l'âme du grand orateur, même quand il
écrit pour un autre. Mais Démosthène s'adressait à ce
peuple athénien, si jaloux du pouvoir de l'éloquence
qu'il avait interdit aux plaideurs la faculté de recourir
à des avocats, qu'il leur mesurait rigoureusement les
instants dont ils avaient besoin pour présenter leur défense ou pour soutenir leurs prétentions, qu'il leur
défendait de faire usage des passions, qu'il les voyait
avec répugnance employer les ressources de l'art oratoire, et en même temps si peu habitué à écouter exclusivement la raison qu'il laissait altérer les faits, les lois
elles-mêmes, qu'il jugeait bien souvent sur la seule
apparence, d'après la réputation des plaideurs, d'après
l'impression produite sur lui par leur langage, non
d'après un sévère examen de la cause. Devant des juges
ainsi disposés, l'orateur s'est attaché avant tout à la
vraisemblance, racontant ordinairement les faits, expo-
sant son opinion du ton qu'aurait pu prendre un témoin
impartial ; il a compris l'importance des mœurs oratoires, soit pour faire disparaître l'avocat derrière le
client quand il ne plaidait pas lui-même, soit pour rendre
les juges favorables à la partie ; il s'est gardé d'exciter
une ombrageuse défiance en tâchant d'attendrir ses auditeurs par le pathétique, ou en cherchant à les éblouir

par les séductions trop peu discrètes d'un style brillant
et d'une riche imagination. La vraisemblance et la simplicité, tels sont les deux caractères de l'éloquence
attique.

Les Athéniens 'n'eussent-ils pas été prévenus contre
l'art de parler par la conscience qu'ils avaient de leur
propre faiblesse, ils avaient trop d'esprit et étaient trop
instruits, trop accoutumés à entendre des orateurs pour
accepter un genre pompeux, tel que fut plus tard le
genre asiatique. Il y a deux espèces de personnes qui
semblent peu propres à goûter une telle éloquence : ce
sont les gens d'affaires et les gens d'esprit. Les premiers
la craignent, les seconds s'en moquent. Les premiers ont
horreur de ce qu'ils appellent les phrases, les seconds
prennent en pitié le procédé. Les premiers croiraient
leurs intérêts lésés s'ils écoutaient jamais autre chose
que les déductions impérieuses de la plus rigoureuse
logique; l'amour-propre des seconds serait froissé s'ils
paraissaient capables de se laisser émouvoir ou charmer
à ce qui a été employé si souvent pour en émouvoir ou
pour en charmer d'autres. Les uns calculent tout, les
autres se raillent de tout.

Cicéron fit connaître aux Romains une éloquence bien
différente de celle de Démosthène. Son goût parfait le
préserva des excès des rhéteurs asiatiques, si ce n'est à
ses débuts, et son génie naturel lui donna ce qui leur
manquait. Mais la simplicité attique ne convenait pas à
ses concitoyens, ni peut-être à son propre talent. Il put
donner à son style un éclat inimitable, à ses développements une richesse extraordinaire; il ne craignit pas de
montrer à ses auditeurs qu'il possédait tout ce que la
rhétorique avait découvert de secrets précieux, et sous

sa feinte modestie on put voir que l'orateur n'était pas
moins satisfait de ses longues·études que l'homme politique de son consulat; il charmait par son esprit, ses
narrations étaient pleines d'agrément et de finesse, il
interrompait quelquefois un trop long plaidoyer par une
digression gracieuse et délicate, qui réveillait ou récom-
pensait l'attention des juges; enfin, rien ne l'empêchait
de donner un libre cours aux sentiments que lui inspi-
raient les évènements dont il parlait, les clients dont il
soutenait la défense, et Démosthène lui-même n'avait
jamais été plus éloquent que Cicéron accusant Verrès du
meurtre d'un citoyen romain, ou opposant, dans la plus
émouvante péroraison que nous connaissions, l'inébranlable constance de Milon à sa propre douleur. Cicéron
était bien l'orateur qui convenait à son pays et à son
siècle : s'il était venu plus tôt, les Romains, n'ayant pas
encore subi l'influence de la Grèce, auraient entendu
avec plus d'inquiétude que de plaisir une éloquence dont
ils n'auraient pas compris les beautés, dont ils auraient
encore moins saisi les finesses, mais qui, par sa perfection même, leur eût paru susceptible d'égarer leurs
jugements et de leur faire méconnaître leurs intérêts. A
l'époque où Cicéron parut, la Grèce avait depuis longtemps fait la conquête de Rome : « Græcia captà ferum
« victorem cepit. » Les Romains étaient capables d'apprécier leur grand orateur. D'un autre côté, ils n'étaient
pas encore blasés sur les jouissances de l'art. Tacite fait
dire à l'un des personnages du *Dialogue sur les Orateurs :* « Cette première génération, grossière et igno-
« rante, supportait facilement la longueur des discours
« les plus embarrassés et l'on faisait même un mérite
« à un orateur de prendre tout le jour pour parler. Alors

« la longue préparation des exordes, la suite d'une
« narration reprise de haut, l'affectation d'une division
« compliquée, les mille degrés de l'argumentation, et
« tout ce qui est enseigné dans les traités si arides
« d'Hermagoras et d'Apollodore était en honneur : que
« si quelqu'un, ayant quelque connaissance de la philo-
« sophie, y cherchait un morceau pour le placer dans
« son discours, on le portait aux cieux. Quoi d'éton-
« nant? tout cela était nouveau et inconnu; il y avait
« même très peu d'orateurs qui possédassent les pré-
« ceptes des rhéteurs ou les enseignements des philo-
« sophes (1). » Celui qui parle ainsi est par système
détracteur du siècle de Cicéron; il a sans doute exagéré
l'ignorance des Romains qui vivaient alors, comme les
défauts des orateurs qui s'adressaient à eux. Mais il est
certain que le public de Cicéron, beaucoup plus nombreux et beaucoup moins versé dans la connaissance de
la rhétorique que celui des contemporains de Tacite,
devait être plus disposé à l'admiration et, se croyant
moins sûr de lui, devait se montrer moins prompt à la
critique.

« Mais maintenant, » dit Tacite au même lieu, « tout
« est connu; c'est à peine s'il y a dans l'assitance une
« personne qui n'ait point, je ne dis pas une connais-
« sance complète, mais quelque teinture des éléments
« des études; il faut à l'éloquence des routes nouvelles et
« recherchées, pour que l'orateur évite de dégoûter les
« oreilles, surtout devant des juges qui prononcent en
« vertu de la force et de la puissance, non d'après le droit

(1) XIX.

« ou les lois, qui fixent à l'orateur et ne lui laissent
« pas prendre le temps de son discours, qui ne s'as-
« treignent pas à attendre qu'il lui plaise de parler de
« l'affaire même, mais l'avertissent spontanément, le
« rappellent au sujet, quand il en sort, et témoignent
« qu'ils sont pressés. »

Les dispositions des juges dont parle Tacite sont
assez semblables à celles qu'avaient autrefois les tribunaux athéniens. Cependant elles n'eurent pas sur les avocats la même influence et, dans cette dernière époque
des lettres romaines, l'éloquence s'écarta du genre attique, bien plus qu'au siècle de Cicéron. Les longues
discussions, interdites désormais parce qu'elles en-
nuyaient les juges, furent remplacées par les pensées
brillantes, par les sentences qui les amusaient : il fallut,
c'est Tacite qui le dit, « corrompre » leur esprit par
l'éclat des descriptions; l'antiquité, c'était ainsi qu'on
nommait l'âge d'or de l'éloquence romaine, parut triste
et inculte, on rêva d'écrire mieux que Cicéron. L'on en
vint à exiger des orateurs des tournures poétiques, em-
pruntées à Horace, à Virgile, à Lucain. Les avocats
firent consister la beauté du style dans une élégance
raffinée, la force de la pensée dans des traits spirituels et
souvent précieux.

Cette décadence de l'art oratoire eut deux causes, l'al-
tération du goût et la destruction de la liberté.

On sait avec quelle rapidité le goût s'altéra chez les
Romains. Il est déjà moins pur chez les derniers écrivains du temps d'Auguste que chez les premiers; il ne
se passa pas un siècle avant qu'il fût entièrement corrompu. L'éloquence ne devait pas échapper à l'influence
maligne qui s'exerçait sur les lettres. Les élèves de Sé-

nèque, les condisciples de Lucain eurent tous leurs défauts, sans avoir leur génie, et ils ne purent à leur tour transmettre à leurs succcesseurs que ce qu'ils avaient reçu, de mauvaises leçons et de mauvais exemples.

En outre, la liberté manquait. Il n'est pas de prince absolu qui n'aimât à se voir entouré de grands orateurs comme de grands artistes ou de grands poètes. Seulement, ni l'empire ni les soupçons des despotes ne s'étendent ordinairement sur les régions de l'art et de la poésie; il dépend d'eux de faire taire l'éloquence, et leur intérêt les pousse toujours à user de leur pouvoir. Si l'espace est le lieu des corps, la liberté est le lieu de l'éloquence. Il ne peut y avoir de grand orateur, même au barreau, dans un état asservi. Les grandes causes y font défaut. Démosthène et Cicéron auraient-ils eu l'occasion de prononcer, l'un le discours *sur la Couronne*, l'autre la Milonienne, du temps de Tibère ou de Domitien, à une époque où un seul homme gouvernait tout, où l'on était presque en même temps accusé, condamné, frappé? car la défense semblait une menace. Le despotisme ne veut laisser la liberté nulle part, de peur qu'elle ne pénètre partout. La liberté exerce même sur les discours privés une influence puissante, bien qu'indirecte. L'esprit s'agrandit en traitant les grandes affaires : l'avocat s'habitue aux larges développements, il ne craint pas de s'abandonner aux mouvements de son âme, et, sans confondre tous les genres, sans faire du moindre procès une cause qui intéresse le monde entier, il apporte dans la discussion autre chose que la froide pratique des hommes d'affaires ou que l'art composé des rhéteurs.

On put dire longtemps du barreau moderne ce que

Tacite disait de celui de son temps : il y avait des avocats, il n'y avait pas d'orateurs. Ce qui manquait aussi dans la France de nos anciens rois, c'était la liberté, c'étaient les qualités qu'elle nous donne, c'étaient les occasions qu'elle nous fournit de les déployer. On faisait consister la perfection dans une irréprochable et constante élégance qui, à la longue, fatigue l'esprit, comme l'inaltérable sérénité du ciel finit par fatiguer les yeux. On évitait la passion par prudence et par goût, et l'on écrivait d'avance ses discours pour se mettre en garde contre les écueils où expose l'improvisation. La grande éloquence n'existait alors que dans la chaire ou au théâtre. Un grand changement eut lieu dans le barreau après la Révolution française. La liberté politique régna parmi nous assez longtemps pour émanciper complètement le génie oratoire ; depuis cinquante ans de grandes causes se sont souvent présentées qui ont toujours été soutenues par de grands talents. Les événements même qui vinrent au moins restreindre l'influence donnée à l'éloquence politique sur le gouvernement du pays semblèrent profiter à l'éloquence judiciaire. La plupart des orateurs qui avaient brillé jadis dans nos assemblées rentrèrent bientôt au barreau en y rapportant les meilleures habitudes de la vie parlementaire, l'indépendance et la dignité du caractère et l'élévation du talent.

Nos anciens avocats français donnaient autant d'attention à la forme de leurs discours que les Grecs ou les Romains. Leur goût épuré avait rejeté l'affectation ridicule dont les plaidoyers avaient été infestés si longtemps. Ils n'étaient pas cependant arrivés jusqu'à la simplicité attique ; ils prenaient plutôt pour modèle l'élégance recherchée et quelquefois pompeuse des Latins. Leur genre a disparu à peu près au commencement de ce siècle. Tout alors avait pris une face nouvelle, les lois et les mœurs, la constitution politique et l'organisation judiciaire. Une révolution s'opéra bientôt dans les lettres, de salutaires principes furent proclamés, de regrettables excès furent commis : les lettres eurent aussi leur 1789 et leur 1793. En même temps les sciences appliquées faisaient des progrès inouïs. Les créations nouvelles de l'industrie et du commerce modifièrent profondément la langue aussi bien que la société. Il n'était pas possible que ces changements fussent sans influence sur le barreau. L'éloquence judiciaire, restée, même au dix-huitième siècle, périodique et solennelle, devint plus vive et plus irrégulière, plus prompte à suivre les mouvements de la pensée, plus apte à rendre les idées et les sentiments de la société nouvelle. La pratique des affaires la marqua de son empreinte peu académique. Il semblait qu'elle sortît de l'école pour entrer au Forum. A l'école on trouvait sans doute qu'elle perdait beaucoup dans ce changement; au Forum on estima qu'elle y gagnait.

La partie qu'on peut appeler artistique de l'éloquence paraît bien négligée aujourd'hui, quand on se rappelle quel soin minutieux les anciens mettaient à former les orateurs. Il n'y a pas chez nous d'éducation oratoire proprement dite. Dans nos classes de rhétorique on reçoit seulement les premières notions de la composition et du style. C'est à peine si le jeune homme qui se destine au barreau travaille à corriger les défauts les plus apparents de sa prononciation; mais il ne cherche pas à donner à son organe la grâce ou la force

qui lui manquent; l'action, la partie la plus importante
de l'art de parler, selon Démosthène, est presque livrée
au hasard; le style même n'est pas toujours traité avec
tous les égards auxquels il a droit. Le principal, l'unique
exercice oratoire est celui des conférences, où les étu-
diants en droit et les avocats stagiaires se réunissent,
soit qu'un membre ancien de l'ordre veuille bien les
présider, soit qu'ils se contentent du contrôle non
moins sévère peut-être qu'ils exercent les uns sur les
autres. Tout leur temps est pris, d'ailleurs, entre la
sortie du collége et l'entrée au barreau, par les cours
de droit et par la procédure.

Nos maîtres les plus autorisés paraissent se préoccu-
per et s'inquiéter, sinon de l'extension qu'ont prise ces
études, au moins du tort qu'elles peuvent faire à d'autres.
Chaque année, à l'ouverture de la conférence des avocats, ils conseillent à ceux-ci de veiller sur leur style,
sur la partie extérieure de l'éloquence, de donner à
leurs discours une forme qui puisse satisfaire les juges
les plus délicats; ils leur recommandent d'étudier ces
maîtres immortels, ces Démosthène, ces Cicéron qui,
en croyant écrire ou parler pour un intérêt passager, ont
en effet travaillé pour l'admiration et l'instruction de la
postérité. Les exemples, ces conseils vivants, ne nous
manquent pas. Ils nous apprennent combien il est important de faire valoir la pensée par l'expression, l'expression par la diction, quel intérêt les avocats peuvent
avoir à connaître l'antiquité, et, sans l'imiter servilement,
à extraire du moins des écrits qu'elle nous a laissés, ce
suc précieux qu'on appelle le goût.

Mais, quand on compare les avocats modernes avec
ceux d'Athènes, le parallèle n'est pas en tout point à

l'avantage de ces derniers. J'ai dû remarquer plus d'une fois qu'ils faisaient peu de cas de la vérité ; le concours même qu'ils prêtaient à leurs clients était frauduleux et n'échappait à la sévérité des lois que grâce à la tolérance des juges et de l'opinion publique. Démosthène, je l'ai dit, suivait sans hésiter l'exemple de ses contemporains ; il acceptait toutes les causes, il employait tous les moyens. Ce qui encourageait alors et ce qui peut excuser aujourd'hui les orateurs attiques, c'est qu'ils avaient pour complices ces tribunaux, tirés au sort parmi les citoyens, se renouvelant sans cesse, recevant les fonctions de juges sans en prendre les sévères habitudes et le caractère grave, disposés à écouter leurs passions plutôt que leur raison, se laissant charmer et dominer à toutes les séductions d'un art exquis.

La justice moderne présente un spectacle tout différent : c'est une magistrature inamovible qui rend des arrêts ou qui prépare et dirige la discussion, quand elle remet à des citoyens, érigés en juges pour un seul jour, le soin de prononcer la sentence. Elle a de longues et glorieuses traditions et prend à cœur de rappeler les fortes vertus des temps passés. Ceux qui la composent étudient le droit, avant de l'appliquer, les affaires, avant de les juger ; les plaideurs condamnés ne les accusent presque jamais que d'erreur. Les avocats forment de leur côté un ordre qui a aussi son histoire. Histoire où l'on trouve non-seulement de nobles pages, de beaux traits de dévouement et d'héroïsme, tels que le barreau en a fourni de tout temps, les innocents toujours défendus, même quand la défense était périlleuse, et vengés du moins par avance, quand elle devait être impuissante, mais encore la constante pratique de ces vertus moins éclatantes, mais non plus faciles, qui inspirent l'estime, si elles ne commandent pas l'admiration, et dont l'antiquité dispensait si aisément les avocats, la loyauté, la probité, l'attachement aux convictions professées pendant la vie entière, la modération dans le langage, le respect de soi-même et d'autrui. Voilà les devoirs que les avocats écrivent en tête de leurs règlements, dont une surveillance active assure l'accomplissement et dont une discipline sévère sans excès réprime la violation. Voilà les mérites qui placent le barreau moderne au-dessus des avocats de l'antiquité. Si nos contemporains ont quelquefois un goût moins difficile, s'ils attachent moins d'importance et consacrent moins de travail à la forme, s'ils n'ont pas eu toujours autant de liberté, et sans doute ce n'est pas à eux qu'il faut faire un reproche de cette dernière infériorité, ils ont compris, proclamé et prouvé que la loi suprême de la profession d'avocat, c'est de mettre l'éloquence au service de la vérité.

TABLE.

Beauvais. — Imprimerie d'ACH. DESJARDINS.

ERRATA.

P.   8, l. 24, — *générations*, lisez *généralisations*.
P. 41, note, — Δημοσθένους, lisez Δημοσθένους.
P. 43, l. 22, — *quelquefois avec raison disposé*, lisez *quelquefois avec raison, disposé.*
P. 45, — le renvoi à la note (1) doit se trouver à la fin de la ligne 10, non à la ligne 14.
P. 58, l. 16, — *Nériode*, lisez *Hésiode.*
P. 73, l. 11, — πραυματικοί, lisez πραγματικοί.
P. 85, l. 24, — *Aphohe*, lisez *Aphobe.*
P. 97, l. 4, — *amner*, lisez *amener.*
P. 151, l. 1, — *Antrotion*, lisez *Androtion.*
P. 157, note, — 5. 1, lisez 51.
P. 166, l. 30, — *l'occasion intentée*, lisez *l'accusation intentée.*
P. 182, l. 20, — *Thulydide*, lisez *Thucydide.*
P. 184, l. 4, — *dans un vase d'un âge*, lisez *dans un vase d'un autre âge.*

www.ingramcontent.com/pod-product-compliance
Lightning Source LLC
Chambersburg PA
CBHW071704200326
41519CB00012BA/2618